张爱玲

我一直在这里，等风，也等你

黄晨晨
×著

中国出版集团　现代出版社

图书在版编目（CIP）数据

张爱玲：我一直在这里，等风，也等你 / 黄晨晨著
. -- 北京：现代出版社, 2018.1

ISBN 978-7-5143-6711-9

Ⅰ.①张… Ⅱ.①黄… Ⅲ.①张爱玲(1920-1995) -
传记 Ⅳ.①K825.6

中国版本图书馆CIP数据核字（2017）第326398号

著　　者	黄晨晨
责任编辑	杨学庆
出版发行	现代出版社
地　　址	北京市安定门外安华里504号
邮政编码	100011
电　　话	010-64267325 64245264（传真）
网　　址	www.1980xd.com
电子邮箱	xiandai@cnpitc.com.cn
印　　刷	三河市祥达印刷包装有限公司
开　　本	880mm×1230mm 1/32
印　　张	7.5
字　　数	150千字
版次印次	2018年4月第1版　2018年11月第2次印刷
标准书号	ISBN 978-7-5143-6711-9
定　　价	39.80元

目　录

序言

　　每一个作家都有各自非同寻常的人生经历，而大多数人都是尝尽人生沧桑后才能写尽万种苍凉。但每一种沧桑味道又都不同，有人一世安稳，历经浮华；有人半生飘零，流年倥偬……

　　她存在于离我们已经有些遥远的那个年代，以一个柔弱单薄的女子的身份成了上海文坛的明星，成为一个让人无法忘怀的符号，代表着一个时代文学的精彩。大多数人爱她，不是只爱她的文字，也爱读她的传奇人生，但也许，没有一个人真正愿意去过她的人生。

　　她虽出身名门望族，但父母失和，家庭封建。她的才华从小就展现，直言要做自己的天才梦，但所有人都只当是戏言，不曾给过她一丝的温暖。她也曾有过轰轰烈烈的爱情，到头来却像是大梦一场。

她是一个独一无二的人，不仅是因为，她孑然一身孤独地走在陌陌红尘里，还有她惊艳了时光，温柔了岁月的犀利文笔。

我们爱读她的作品，爱她每一篇里的妙语连珠和惊艳文笔，爱从里面看她生活的一点一滴。我们也爱看她的故事，从里面读到的都是为她感动的泪花，为她叹惋的心情。

她很像是漂亮的那杯酒，也像是我们很旧的往事，是甘苦还是辛酸，是温凉还是浓淡，没关系，一点一点品尝，入喉入心，也沉醉也销魂，也流了不少自己的泪。

从少时起，到风华正茂；

从孤绝时起，到悲葬于海。

她是张爱玲。

她笔下一生所爱，唯己而已。

第一卷　沧浪记流年

第一章　伴月民国梦

那个时代里有太多的烽火硝烟，也有太多的动荡不安，更有无数的名士风流和惊世传说。

就好像，十几岁的张爱玲第一次到达香港这座城市，她穿着单薄的衣服，真真实实地站在这片遥远的土地上，身后蓝色的大海上停泊着巨大的轮船，溅起白色的水花，她却一丝都未曾感觉到浩瀚。

那个时代，香港是在别人的谈论和描述中都很少出现的一座城市，它有着和内地不一样的繁华，晚上有很亮的灯火，大街上有熙熙攘攘的人群，她却只感觉到空旷，只感觉漂泊和冷寂。

她是张爱玲，她的体内积郁着无法言说的孤独。

这种孤独长在她的梦里，寄托在她的白纸黑字里，也充满了她生长的每一段岁月里，就像是怀抱着寒冰，怀抱着璞玉，从头到脚都是清冷的。脂粉在她的脸上，染不下一丝俗气。

这个曾经写着故事、敏感脆弱的女孩，渐渐穿上了更华丽的旗袍，成为民国那落拓寂寥的岁月里，一抹不变的绯色。她自己可能也难以想象，在离开尘嚣近半个世纪后，依然有无数的人爱她的文字，它们像是淹没也在历史尘埃中的璞玉，很老很旧却依然发光。

张爱玲的名字是独特的，和那个时代的众多女性，有着鲜明的不同。

这个名字带着千丝万缕的欧化气息，也带着一种不灭的气质，甚至是精神。

这是她的母亲牵着她的手，去小学入学报道时重新写下的，那个时候思想先进、内心自由的那位女性，从英文名字里有些随性地选择了"爱玲"（eileen）作为名字，因而改掉了曾经父亲取的"张煐"。

于是，"张爱玲"这个名字，就陪伴了她一生。

张爱玲在儿时对美丽优雅的母亲有一种特殊的感情，母亲的角色给了她最初对美丽甚至完美女人的一种印象。张爱玲一生都展现出一种奇异的优雅和不流于俗，这和她的母亲对她的影响有很大的关系，是从血缘到命运弥散的传奇。

即使身处名门，父亲古典，母亲西洋，看似互补又结合得十分恰当，却并不意味着张爱玲有一个和睦的家庭和幸福的童年。从很大程度上来说，张爱玲甚至感受不到太多的关爱，她生活在这个家庭里，感觉到最多的其实是一种淡漠，是人与人之间的疏离感。

张爱玲出生的时代是一个充满了变革的时代，许多底层的人民过着极其艰苦的生活，而张爱玲从来没有过物质上的贫乏，她缺的是关注、是温情、是爱护。

一个家庭就如同一个港湾，港湾再大再宽阔，它最重要的作用，就是让船只停泊。但张爱玲的家庭港湾，从未让她的母亲黄逸梵想过停泊下来，黄逸梵无时无刻不渴望着变成一只鸥鸟到处飞翔。而作为孩子的张爱玲和张子静，也从未在张家体会过任何一点脉脉温情和爱意，有的只是如冰柱一般无时不在的苦楚和冷漠。

张爱玲的家庭是相当著名的官宦世家，祖父张佩纶曾投入清朝中堂大人李鸿章的幕下，为其负责文书事宜，并深得李鸿章重视。

张佩纶在二十几岁就高中举人，拥有极高的政治抱负和才能，一直渴望着施展自己的才华。他曾经在晚清末的朝廷里担任言官，拥有专门管理检察官员的职能，可以说是年少有为。

但张佩纶的直言不讳在朝堂上得罪了许多人。福建海战失败后，他被革除官职，充军多年，在东北一带流亡。

1888年，从东北流亡了四年的张佩纶重新回到帝都。

这一年，他苍颜白发，四十余岁却已经度过了半生的漂泊和浮沉，曾经年少有为、意气风发的张佩纶仿佛染上了沉沉的暮气。

　　但中堂大人李鸿章从未忘记这个曾经刚正不阿的年轻人，他亲切地拉着他的手，称呼他为"贤弟"。在张佩纶贫困交加的时候，李鸿章接济他进入自己府内做幕僚。张佩纶对李鸿章充满了感激，但屋漏偏逢连夜雨，张佩纶的原配夫人过世了，刚刚回到帝都，希望回归到正常生活的张佩纶，又成了孤单的一个人。

　　李鸿章一直认为张佩纶是一个有着旷世经纬之才的人，当张佩纶的原配妻子过世之后，1888年，李鸿章将心爱的大女儿李菊藕许配给张佩纶做续弦夫人。

　　张佩纶比李菊藕大上二十几岁，不仅年龄是一个问题，精神上他们也并不相投。但在那个父母之命、媒妁之言的时代里，李菊藕只能顺理成章地接受这一桩被父亲钦点的婚姻。

　　这桩婚姻可以称得上是世人难以企及的无限荣耀，而且李菊藕还带来了丰厚的祖产作为嫁妆。这让张家一下子成为了真正的物质上的名门望族。

张爱玲：我一直在这里，等风，也等你

张佩纶和李菊耦诞下一子，取名张延重，这正是张爱玲的父亲。他们还拥有一个女儿，取名为张茂渊，这便是对张爱玲影响非常深刻的姑姑。

李鸿章还曾经将一座宅院作为嫁妆送给女儿女婿，房子是巨大的，也是昏暗的，在张爱玲的记忆里，它有着重重叠叠的房间，有很高的门槛和深深的门洞，庭院里有幽然的树木装点曲折的走廊，像一个华丽而空落落的大观园，唯一不一样的是，这里没有什么姐妹兄弟，家里阶级森严，连父女之间都缺少交流。

七年之后，张佩纶在病痛交加和身体急转直下后离开了人世，而这时的李菊耦还年轻，于是李菊耦将所有的精力全都集中到了自己的儿女身上。

她在这个空空的大宅子里空耗着自己的青春年华，也熬干了自己所有的寂寞。

因为经常能够在女儿身上体会到自己少女时代处处被约束被规制的岁月，李菊耦多少对女儿更加骄纵一些。张茂渊要什么，李菊藕总是要想办法满足她。慢慢地，张茂渊也成为了一个拥有自由思想的新女性。

而对于张延重，李菊藕则更加地约束与严格。

李菊藕经常对张延重进行思想上的教育，不管是对于李鸿章的思想抱负和丰功伟绩，还是丈夫张佩纶的宏图大志，李菊藕都经常挂在嘴边，念念有词。

慢慢地，长大的张延重成了张家最虔诚的信徒，成了那个时代对诗书礼乐最虔诚的信徒。

他坚信着自己的家族满门荣耀，相信自己与祖父和父亲一样，都要成为，也仅仅能成为一个读书人。

但在张爱玲的眼里，父亲并不代表着满门的旧日荣耀，他代表着沉睡在这个时代里的裹足不前。他不再像李鸿章和张佩纶一样，能够有一身的英雄豪气。他是个堕怠的人，更是个被富裕家庭宠坏了的孩子，庸碌而迂腐。

第二章　旧梦谱新曲

张延重的时代，婚姻还在讲究父母之命、媒妁之言。

张延重渐渐到了将要婚配的年龄，张家要为张延重找一个门当户对的妻子。

在一个孩子的成长过程当中，父母有着无可替代的重要影响。孩子不仅仅会受父母的性格、处事方式和行为风格的影响，还很可能被这种影响羁绊一生。

要找到一个门当户对的女子当然不难，难的是真的能够一生相伴、相濡以沫。

张爱玲的母亲原名黄素琼，后来因为崇尚自由民主改名为黄逸梵。

张延重迂腐陈旧，喜好旧日风习，黄逸梵却是一个很新派的人，带着有些孤芳自赏的气息，喜好一切新的事物。

黄逸梵是一个很美丽的人，而且有着一种和小家碧玉的闺阁少女完全不一样的气质。小张爱玲对女性最原始的崇拜，就来源于这位美丽的母亲。

黄逸梵出身显赫的门庭，她的父亲是曾任李鸿章副手的长江七省水师提督黄翼升。黄逸梵姐弟两个是父亲的遗腹子，父亲不到30岁就去世了，留下作为姨太太的母亲和肚子里待产的孩子，在全家人的期望中，黄逸梵和弟弟黄定柱出生了。

黄逸梵的出生没有得到多少人的重视，但由于她的弟弟是这个家族唯一的男性继承人，于是黄逸梵凭借着这个弟弟，得到了黄家久违的优待。

但黄逸梵仍然是孤独的。

她出生在南洋，很小的时候就见过大海，见过蓝色的大海上飞翔的海鸥。

它们张开洁白的翅膀飞向远方，但是她却看不见远方。

远方是一个什么样子呢？

是不是落日余晖下她走不到的山峰，是不是月亮升起来洒下的银辉照耀的那片湖泊。但不管是哪里，都是那么的遥远，那么的遥不可及。

失去了父亲关爱的孩子从小就是敏感的，黄逸梵的性格里有着高傲坚强的一面，以此保护柔软的自己。

没有父亲，也意味着少了很多的约束，多了更多的自由。所以，当时的她接受的是最先进的西方文明教育。

她的性子比许多人都要强，她不像其他女人一样，只知道一味隐忍苟安、讨好丈夫，她有自己的个性和风格，还有比遗少丈夫更为先进的思想。

黄逸梵的眉眼很深，身材窈窕，一举一动都带着一种灵动的气质。她的发色是那个时代认为最洋气的深咖色，肤色是健康的小麦色，更多人觉得她可能有拉丁族混血的血统，带着一种浪漫的气息。

她是清孤的，很大方也很果敢，身上带着更多的新女性自由开放的气质。

第一卷　沧浪记流年

慢慢长大的黄逸梵从眉梢到眼睛都流转着越来越多的漂亮和高贵。

13岁豆蔻年华的时候，她也曾经想过，梦里最终要相守一生的男子会是一个怎样的人。

他应该是浪漫的，是英俊的。

他眉目清秀，在桃花缤纷落下的时候，摘下一朵捧在她面前。

他能带自己去外面远方的世界看看，遇一人白首，择一城终老。

黄逸梵对于张爱玲而言是一个极致的化身，首先是她想要成为的对象，同时又是她想要不断地去超越的对象。

在这个十分摩登的女人身上，张爱玲留下了最初的心愿。

她不断地憧憬未来："八岁我要梳爱司头，十岁我要穿高跟鞋，十六岁我可以吃粽子汤团，吃一切难于消化的东西。"

张爱玲：我一直在这里，等风，也等你

她当时可期望的未来，不是动荡不安，也不是充满了挑战和未知，而是幸福和梦想。

张爱玲好像拿走了父亲身上那老持沉重的一部分古典气息，也拿走了母亲身上桀骜不驯的英雄梦想。它们组合起来，成了文才绝佳又充满了性格矛盾的张爱玲。

她热烈又沉稳，她淡漠又温情，她浓烈又纯粹。

如果黄逸梵能够容忍丈夫的不成器，能够压抑自己追求自由的思想，她就不会成为一个心有不甘的母亲，可是她偏偏不能。

红衣公子秀罗衫，黄逸梵乘着一顶红轿子进入了张家府邸，成为张延重明媒正娶的妻子。坐在寂静的房子里，外面是熙熙攘攘的人声，黄逸梵握紧的手心里沁满了汗水。

她离开远方的家，以后的命运都是未曾知晓的了。

张延重见到黄逸梵的第一眼，是惊艳的。

他也见过一些女子，但是黄逸梵不同。她的眉眼深处很深邃，甚至带出来一些倔强，和一些冷淡。她皮肤不白，但是气质清冷高洁，张延重初见是心动的。

但是又有着那么一点点遗憾。

这一点点遗憾到底是什么呢？

在张延重的心里，他可能渴望的是丁香一样的女子，简单而娇小，可以依附着他的小家碧玉。

而黄逸梵恰恰多了一分惊艳，少了一分温柔。

很难说清楚温柔是什么样子的，温柔仿佛是水里的月亮，镜中的花朵。

男人总是希望在自己还未曾成熟的岁月里，遇到一个温柔懂事能够包容他的女人，然后陪伴着自己成长。

而女人年轻的时候，浪漫细胞灌注到她身上的每一个角落，渴望遇到一个有大气魄和英雄气概的男人，带她领略人生更多的精彩。

但是，即使作为夫妻，也终究会暴露自己最为随性的一面。很快，张延重发现了黄逸梵的心高气傲和桀骜不驯，黄逸梵也发现了张延重身上的陈旧腐朽和软弱无能。

渐渐地，张延重都的一切都让黄逸梵反感，她甚至感到绝望。

黄逸梵像云，张延重却是土地，他们毫不相融也毫不相同，是完全不一样的存在。

张爱玲记得在雕花卧榻上，父亲斜着倚在那里，抽着大烟膏。烟雾缭绕到屋子里，像是父亲的一声轻咳一样无力，像是旧式的屋子一样被虫子一点一点蛀空，感觉不到痛苦，却只有麻木。

张家有很多的屋子，张延重并不经常用到那么多屋子。

他习惯了选择简简单单的一间卧室，也选择了醉生梦死。

从看到烟雾缭绕的那一刻开始，黄逸梵就知道真正的绝望要来了。

从鸦片战争开始，英国为了打开中国的市场，吸收中国的白银资源，疯狂地向中国倾销鸦片。

鸦片这种荼毒人间的毒品，被这些家财万贯的纨绔子弟互相追捧。张延重出入青楼戏院，总会遇到那些吞云吐雾的酒肉朋友。渐渐地，张延重也无法回头地染上了恶习。

张爱玲每每看到父亲时，他基本上都是萎靡不振的，菜色的脸上写满了堕落。

张爱玲不清楚这种病态的来源，她只知道自己很不喜欢。可想而知，作为母亲的黄逸梵对于一个这样的丈夫，只有更加无以复加的痛恨。

张延重去养妓、听曲，过着旧文人那些养尊处优的日子，逸欲可以亡身的道理在书里读了千百遍，可在那个破落的时代，看不到光明，他们这些读书人自然也跟着一起沉沦下去。

每个人都像是风雨飘摇的路上的蝼蚁一般，每个人都有看似不一样，实则都是时代赋予的孤单与无力。

张延重是有知识的，他接受过高级教育，能够看懂英文名著，可他丝毫没有改掉少爷的生活和习性，像是庭院里养着的花，经受不了风吹雨打，就迎来了毫无可知的婚姻。

在飘摇的风雨里，他们似乎只知道"享受"二字。

这让她不仅仅是失望，有些失望是可以改变的，可是坚决不相同的生活背景和知识观念，必然导致不同的人生追求，于是黄逸梵想到最多的，就是逃离。

她终于知道，自己从心底是无法接受这个男人的。

没有爱情的婚姻，却迎来了爱情的结晶。

1920年9月30日，黄逸梵生下了张爱玲，张延重为她取名张煐。他心里是有一些失望的，他原本希望是一个能传宗接代的男孩。后来终于迎来了张爱玲的弟弟张子静，他于1921年12月11日出生，这也是张爱玲父亲唯一的儿子。

9月30日，是一个秋天。

叶子缓缓换成金黄色，然后轻轻地飘落下来。

张爱玲就出生在这金色灿烂又是万物凋敝开始的时节。

她出生的时候，月亮洒下一池的清辉，也正如她是整个民国的临水照花人。

生下孩子的时候，黄逸梵哭得撕心裂肺，她的心是空洞的，一如这冰冷的月色和凉起的秋天。

刚刚嫁入家里来的时候，她就感觉到一种陌生。但她不想念原来远方的家，毕竟在那个家里，她也不是一个受到重视的人。可是在这里呢？

她感觉到腹部剧烈的疼痛，而不是新生命的诞生给她带来的幸福感。

那是比疼痛更让她绝望和厌恶的，她在内心的深处，无论如何也无法将孩子和这样一个父亲联系在一起。

她从未妥协，也不知道怎样妥协。

就这样，张爱玲在啼哭中出生了。

黄逸梵没有感觉到一丝轻松和欢愉，她感觉到苦痛的日子要更为加深地开始了。

张爱玲遗传了父亲的忧郁和母亲的偏执，虽然是个女孩，但张爱玲身上并不柔弱，反而有着一种不服输的气质。

李菊藕嫁给张佩纶的时候，带来的房子祖产大概有八套，张爱玲生活在这深深的庭院里，尽管往日的荣耀给他们留下了太多的荣华富贵，但没有新的事业，他们总有一天会坐吃山空。

从小张爱玲感受到了整个家庭对于这个男孩子的重视，她常常想强过弟弟。

女孩子要比男孩子早熟，所以张爱玲总是更加懂事，更加听话。她不爱哭闹也不爱争吵，可是她发现再怎么懂事，人们仍然更喜欢弟弟。

在漫长的岁月里，那种不服输的坚韧和倔强渐渐融化进她的骨血里，小时候她感觉到不公平，感觉到难过和失望，却不知道原因，长大后才明白，这是时代所给予的。

第三章　花藤漫过民国岁月

旧日的时光像是一个老旧的窗口一样，透过它们能看到里面的断壁残垣和梦里花落。

爱情本来应该是这个世界上最让人动容的情感。爱情是古往今来的主题，有人相信千山万水只有你，有人相信父母之命、媒妁之言，而所谓合适的婚姻却不幸福，更像是穿一双自己知道不合脚的鞋子，苦不堪言的只有自己。

彼时的黄逸梵已经是两个孩子的妈妈，可是她依旧在心里痛恨着这段婚姻带来的，犹如枷锁一样的勒痕和伤害，让她从未爱过一般。

结婚的时候，李菊藕已经去世，张延重的隔房哥哥嫂子当家，张延重和妹妹张茂渊都想自立门户。

张爱玲：我一直在这里，等风，也等你

嫁入这个家之后，黄逸梵却和张爱玲的姑姑张茂渊成为了关系非常好的闺中密友。在张爱玲的记忆里，张茂渊是她非常喜欢的人。姑姑对张爱玲很好，关心她，照顾她，从小到大陪着张爱玲玩耍，给她讲很多故事。在她漫长的写作岁月里，有很多素材和灵感最初都来自姑姑那里。

姑姑是自由开放的新女性，她同样看不惯哥哥抽鸦片的种种陈旧和迂腐，在很多事情上站在了黄逸梵的一边，甚至有惺惺相惜的意味。

1922年，张延重得到了天津的官职，任职天津铁路局英文秘书，于是张家举家前往天津。

张佩纶在迎娶李鸿章的女儿李菊藕时，曾获得了李家丰富的祖产，其中天津的房产便是一处，张延重到了这里之后，觉得生活大为满意。

天津充满市民风情的巷子到处都是，有着浓郁的生活气息，他们的生活也富足安定，除了缺少激情和美好。

天津的房子是西式洋房，坐落在英国租界境内。

第一卷　沧浪记流年

张家的生活十分富裕，不仅有保姆、佣用人和厨师，出门还有汽车接送，物质条件可谓十分优越。

任谁也想不到，这些繁华和幸福只是寂寥的泡影，是这个时代最后的繁华。

整个时代都要沉下去，任何一个人也无法偏安一隅了。

春雨来的时候，大地开始变暖了。

春来草自绿，黝黑的土地里偷偷藏着雨滴清新的气息。

张爱玲从小就身材纤细而匀称，眼睛很大，睫毛长长的，非常有神韵。

张爱玲的母亲很会打扮孩子，她的洋房院子里有秋千。

张爱玲很喜欢秋千，在《私语》里她静静地写下了关于儿时的记忆。

对每一个作家而言，儿时的记忆都是贯穿一生的，如同萧红永远无法忘记呼兰河，如同莫言写着红高粱的传奇。

童年是隐秘的，也是印刻在每个人心里的。

张爱玲小时候喜欢看云彩飘过又落下，喜欢看风烟俱净。她很小就会认字读书，《三国演义》《红楼梦》那些远去却始终光芒万丈的经典就在那里，故事让她不断富足起来，幻想也丰富起来。母亲总是给她穿红色的美丽纱裙，戴精致的蝴蝶结。在黄逸梵的心里，她的女儿必须是一个标准的淑女。

弟弟张子静想起姐姐张爱玲时说，小的时候都是姐姐带领着他们一群孩子玩，能够讲出各种各样的故事，她的脑海里总是有各种的奇思妙想，还曾经带着他们扮演《三国演义》中的各种角色，活灵活现，玩闹起来如同一个指挥若定的军师。

小的时候父亲让她上私塾，她是很聪明的孩子，识字学得很早也很快。和别人在学堂中枯燥地写写画画不同，张爱玲自小对于文字有着超凡脱俗的领悟能力。

张爱玲最为无忧无虑的时光就是这段时日。

弟弟有一个保姆叫张干，而她则被何干照顾，何是姓氏，干却是一个代号。

第一卷　沧浪记流年

也许张爱玲并不知道，在那个年代里过得如同一只蝼蚁，无名无姓辛苦生活下去的底层人民还有那么多，而张爱玲自己却不满足于这本就拥有的物质生活。

张爱玲有人专门照看，有看不完的故事书和谜语书，有专门的汽车带着她可以去大街上到处转。她很小就会唱儿歌和童谣，也会讲故事、猜谜语和说典故。

张干由于自己照看的是少爷，轻视照看着女孩张爱玲的何干，因此处处飞扬跋扈、十分强硬，何干每每都要让她三分。

张爱玲因此更加地听话懂事，希望能够得到别人更多的关注和赞同。

但是并没有。

她记得有一次在吃饭的时候，张干说她："筷子拿得近，以后嫁得远……"

她慌忙地将筷子换了换，问道："那拿得远呢？"

张干笑笑："当然嫁得更远啦！"

张爱玲听了气得直发抖。

张爱玲：我一直在这里，等风，也等你

　　她还记得母亲经常不开心，紧紧皱着眉头。有一天，她在母亲的梳妆台上发现了一个柿子，这个柿子应该是被人遗忘了很久，被扔在梳妆台上没有人理会。唯独张爱玲每天都去观察它，看着它从金黄饱满，变得一点点干瘪溃烂。

　　张爱玲的心里沁出从未有过的悲伤，小小的她在想，是不是人活着也是这样。从精致绝伦到一点一点枯萎下去，不会被留下，也不会被任何人发现，该是多么的悲哀呢？会有人发现她吗？会有人发现她的悲喜和善恶，会有人轻轻安放起来吗？

　　黄逸梵并没有过多地关爱这两个孩子，而是无时无刻都在想出去寻找自己的自由和幸福。

　　这旧式的婚姻就像枷锁一样套在她身上，我们不知道带着对婚姻的厌恶的黄逸梵对张爱玲姐弟的态度如何，只是知道张爱玲从小就一个人睡。母亲是拒绝陪伴她的，她只能看着天上清冷的月辉洒下来，觉得月色离着自己更近一些。

　　在清冷的月辉里，一点一点，伴着孩子的呓语和蝉鸣，

第一卷 沧浪记流年

小张爱玲睡着了。梦里花落满身,她却感觉不到太多的快乐。

张爱玲的房子里有一处很漂亮的天井,有个人经常在旁边拿毛笔练字。

他是第一个讲《三国演义》给张爱玲听的人,因此张爱玲对于这个人的印象颇深。

对于那些精美绝伦的故事,张爱玲更是有着天生的热爱和迷恋。

张爱玲还给这个人起了一个名字叫"毛物",毛物的妻子则取名叫"毛娘"。

毛物和毛娘都喜欢讲故事,他们带给了张爱玲一个崭新的世界。

张爱玲总是记得,毛娘长得很漂亮,圆圆的脸蛋,大大的眼睛,经常对她笑,用动听的声音给她讲"落难公子中状元"的那些传奇,逗得张爱玲大呼惊奇,还经常哈哈大笑。

张爱玲曾经在她的《私语》里写下关于这一段生活的回忆:

张爱玲：我一直在这里，等风，也等你

　　有一本萧伯纳的戏：《心碎的屋》，是我父亲当初买的。空白上留有他的英文题识："天津，华北。一九二六。三十二号路六十一号。提摩太·C·张"。我向来觉得在书上郑重地留下姓氏，注明年月、地址，是近于啰唆无聊，但是新近发现这本书上的几行字，却很喜欢，因为有一种春日迟迟的空气，像我们在天津的家。

　　天津给她一种春日迟迟的感觉，一直是港口城市的天津带着一种市民气息，颇有生活的平凡质感。

　　这种质感就像是张爱玲平平凡凡的成长，没有波澜不惊却如藤蔓一般不断地攀缘，就像是小时候要落下的那片红日。

　　但即使是拥有如此优越的物质生活，每个人的精神需求却又有着千差万别，张延重的精神观念是纯旧迂腐的，他甚至不让姐弟两个人上新式学堂，要一直在家里接受私塾教育。

　　黄逸梵十分气愤，她再三要求让张爱玲姐弟两个去读新式学堂，接受新式教育，但张延重不肯低头，甚至认为这是无理取闹，有辱门风。即使最终张爱玲在母亲的帮助下读了新式女校，弟弟张子静作为长子，仍然要在家里接受私塾教育，学习经史子集。

长大后回到上海生活的张爱玲曾经最不喜欢的就是背书，她总是能记得向晚的花藤里，她轻轻推开父亲的房门。父亲躺在宽大的卧榻上抽着大烟，烟雾缭绕开来，他好似突然心情很好，开始摇头晃脑地背诵古文。

很早的时候张爱玲就开始看各种小说，不管是古典小说，还是刚刚流行起来的鸳鸯蝴蝶派小说，都要读上一读。

张家的宅院很大，张延重和黄逸梵却很少在一起，他们各自有各自的爱好和兴趣。

张爱玲写父亲的文章很少，在长大后她写过："我知道他是寂寞的，在寂寞的时候他喜欢我。"

张延重的心里是爱着黄逸梵的，这种爱甚至带着一些自卑。

张延重始终觉得，张家就是一种荣耀，这种荣耀是他始终的骄傲，即使后来娶了黄逸梵，即使妻子和时代都彰显着自由和民主的不断到来，张延重也始终坚持做一个骄傲的遗少。

李菊藕在世的时候，管教和约束儿子非常多，反而更加关心宠爱女儿，因此张爱玲的姑姑张茂渊的性格比张延重要开朗得多。

张茂渊在心底里有很多想法，和黄逸梵感同身受，引为知己。

张延重曾尝试走近黄逸梵，但屡屡失败，他和她之间成为旧与新的标杆，距离越来越远。

张爱玲后来写道："有太阳的地方使人瞌睡，阴暗的地方有古墓的清凉。房屋的青黑的心子里是清醒的，有它自己的一个怪异的世界。"

这是张爱玲对于父亲张延重的印象，如此寂静也如此怪异，无法让她亲近，也无法让她接受。

张延重和黄逸梵本就共同话语不多，黄逸梵对他的不在乎不重视，让他更为恼火，他也能给自己流连烟花之地找到合理的借口。

不久，黄逸梵发现丈夫在外面花天酒地并且娶了一房姨太太。

张爱玲在回忆童年的时候写道："我记得每天早上女佣把我抱到母亲床上去，是铜床。我爬在方格子青锦被上，跟着她不知所云地背诵唐诗。看月光升到高处洒落，很清冷。她才醒过来总是不甚快乐的，和我玩了许久才高兴起来。我开始认字块，就是伏在床边上，每天下午认两个字之后，可以吃两块绿豆糕。"

这时正是1919年，文学史上开天辟地的一年。那一年，五四运动爆发之后兴起的新文化运动成为整个中国现代文学的序幕，之后的中国文坛灿烂若星群。

开化的风气和留学读书的机会让张茂渊和黄逸梵看到了崭新的出路。

在黄逸梵的眼里，这不仅仅是一条出路，还是一条迫不及待的路。

她和张延重的争吵每天不断地升级，冰冷和伤害在婚姻裂开的伤口上肆意漫灌。

1924年，张茂渊去英国留学，黄逸梵以陪同的名义一定要和张茂渊一起前去。

那个时候的黄逸梵已经是两个孩子的母亲，而且是明媒正娶的大少奶奶。

不管是任何身份，在族人眼里，在社会和时代的眼里，她似乎都应该规规矩矩地守着张家度过余生，没有人能够理解她要远渡重洋的想法，只有她自己偏执地坚持着。

张爱玲那年仅仅四岁，她并不知道发生了什么，也不知道这对于父母和家庭而言，到底是发生了怎么样的变化。

她在渡口送别母亲的时候，母亲只是一直哭。

黄逸梵身材高挑纤长，穿着绿色的裙子，整个人优雅华贵。

张爱玲看着身后的江水，不知所措。

张茂渊已经在身后的船只上等候多时了，隆隆的鸣笛声响了起来，张爱玲被大人拉过去，怯生生地劝说自己的母亲："婶婶，时候不早了。"

就从这一年开始，张爱玲被过继给了别人，只能称呼自己的爸爸妈妈为叔叔婶婶了。

"她不理我，只是哭。她睡在那里像船舱的玻璃上反映的海，绿色的小薄片。然而有海洋的无穷尽的颠簸和悲恸。"这成了张爱玲的记忆里，最早的一次别离。

离人心上秋，总是让人哀愁的。

过早地与母亲分离让张爱玲难过，也让她变得淡漠和清冷。

长大之后的张爱玲表达过对于母亲的理解。

她明白这纷繁人世间太多的东西是不能够强求的，母亲一直都知道自己想要的是什么，这比更多的人活得明白而潇洒。

她不是苟安，不是虚假的满足，而是真真切切地去张开双手拥抱和追求，不管是酷暑严寒还是风刀霜剑，全都一往无前地拥抱进自己的怀里。

她知道母亲作为一个裹着小脚的女人，却从未停止过探索的道路，这代表了一种怎样的坚毅和不屈。

而她身上，也恰如其分地继承了这些。

第四章　一别经年

花开花落，燕去燕返，云卷云舒，让我们相信，生命中每一段路途都有别样的意义。生命中的舍去和得来都有它必然的原因，我们接受每一段光彩亮丽，也接受每一段刻骨铭心。

在黄逸梵心里，她知道自己亏欠孩子。

虽然婚姻对于她而言是不幸福的，但是亲生的孩子又是难以割舍的。

她不说话，只是哭，大概也是由于她无法改变这些现状。黄逸梵到了国外之后，张爱玲苦等了很多年。

她知道自己生命里一个很重要的女人消失不见了，她知道她再次摔倒叫"妈妈"的时候，再也没有人会出现，然后拥抱她，问她疼不疼。

她就这样在不解和等待中，度过一天又一天，一年又一年。

张爱玲很想念母亲，母亲走了之后，张爱玲有一种自己要和父亲一起相依为命的感觉，但是父亲也没有给予她想要的关爱。她渴望过父亲给自己一点温暖，可父亲作为一个纨绔子弟，想的就是如何打发自己无聊的时间，哪里懂得去关爱一个天生敏感脆弱的孩子。

在张爱玲其后的创作里，写到亲情的处理方式，往往是极为淡漠的。

《沉香屑第一炉香》里，姑姑直接问葛薇龙："你那个父亲是不是死了？"

不论是曹七巧还是白流苏的母亲，她都未曾涉及母爱那样的高度，只有无尽的空寂和冷漠。

这些都源于张爱玲从未体会过母女情深、父女情深是什么感觉。

她只知道在无数个自己度过的日夜里，冰冷灌注了她全身，她把自己幼小的心灵一层一层地封闭起来，很多人说张爱玲冷漠孤高，很多人说她无比苍凉寂寞，可是得有多少个日夜先伤了她敏感善良的心，她才会走上这样一条寂寞的路。她从小到大，早已习惯了从来都没有人能够和她同行……

母亲走了之后，父亲迫不及待地把姨太太光明正大地接回了家里。

虽然母亲在英国常常会寄各种玩具给张爱玲和弟弟，但玩具没有填补张爱玲内心的孤单，她经常一个人安静地观察一草一木的生死，看到静默，过早地成熟。

也就是从这一年开始，张爱玲开始跟着姨奶奶生活。

每次过年的时候张爱玲都要去探望"六姨奶奶"，这是祖母李菊藕最小的妹妹。

她十分疼爱张爱玲，慈祥友善，所以张爱玲也非常爱这个姨奶奶。

在张爱玲的《创世纪》里写到了这位"六姨奶奶"的外

第一卷　沧浪记流年

貌和特点：

老太太是细长身材，穿黑，脸上起了棕色寿斑。眉睫乌浓，苦恼地微笑着的时候，眉毛一丝丝很长仿佛垂到眼睛里去。从前她是个美女，但是美没有给她闯祸，也没有给她造福，空自美了很多年。

在姨奶奶的照顾下，张爱玲体会到了久违的温暖。

而张延重娶的这一房姨太太没有名字，只有一个简单的代号叫"老八"。

她开始是妓女出身，被张延重养在一个公馆里。

等黄逸梵出国之后，张延重终于把她明目张胆地娶回了家。

因为母亲出国，张爱玲经常被父亲带在身边。连出入公馆和戏院等，他都丝毫不避讳地带着年幼的女儿。

张爱玲记得自己见过这个姨太太："我父亲要带我到小公馆去玩，抱着我走到后门口。我一定不肯去，拼命扳住了门，双脚乱踢。他气得把我横过来打了几下，终于抱去了。"

姨太太进了府第之后，似乎取代了曾经主母黄逸梵的位置。

由于是姨太太的身份，老八对下人十分亲切，对于张延重亲生的孩子们也更不敢有什么架子。

她在心里极其渴望得到张延重更多的宠爱，因此希望和张爱玲、张子静姐弟相处得更好。

张爱玲记得，姨太太每天晚上都会带她去舞会。

她的弟弟张子静还小，性格又非常内向，老八反而更喜欢这个大胆一些的女孩子，因此经常带着张爱玲出入上流社会的社交舞会。张爱玲很小，不会跳舞，她只懂得欣赏别人的舞姿。

（姨太太）搬了进来。家里很热闹，时常有宴会，叫条子。我躲在帘子背后偷看，尤其注意同坐在一张沙发椅上的十六七岁的两姊妹，披着前刘海，穿着一样的玉色袄裤，雪白地偎依着，像生在一起似的。

张爱玲觉得美丽像是光一样耀眼，五光十色，她就以一个小孩子的眼光看着起起落落的人群，然后被人背着回家。

在《倾城之恋》里，张爱玲写白流苏：

第一卷　沧浪记流年

　　她那一类的娇小的身躯是最不显老的一种，永远是纤瘦的腰，孩子似的萌芽的乳。她的脸，从前是白得像瓷，现在由瓷变为玉——半透明的青青的玉。下颌起初是圆的，近年来渐渐尖了，越显得那小小的脸，小得可爱。脸庞原是相当的窄，可是眉心很宽。一双娇滴滴、滴滴娇的清水眼。阳台上，四爷又拉起胡琴来了。依着那抑扬顿挫的调子，流苏不由得偏着头，微微飞了个眼风，做了个手势。她对着镜子这一表演，那胡琴听上去便不是胡琴，而是笙箫琴瑟奏着幽沉的庙堂舞曲，她向左走了几步，又向右走了几步，她走一步路都仿佛是和着失了传的古代音乐的节拍。她忽然笑了——阴阴地，不怀好意地一笑，那音乐便戛然而止。

　　也许是从小而来的影响，对于音乐和跳舞，她极其早地学会了用自己的眼光去观察和欣赏。

　　她写白流苏，是把不甘和痛楚全都真真实实地写出来了，不管是别人对于她的嘲讽，对于她的不理解，还是邂逅爱情后的忐忑和不安，都在张爱玲的心里那么清晰。

　　她爱着自己写的每一个人物，每一个都是从她自己的灵魂深处撕裂开来的。

　　老八对于张爱玲倒是没有什么威胁，正是出于讨好的目的，她常常带张爱玲外出，带她看五光十色的各种人。这期间，张爱玲认识了很多英俊的男人和漂亮的女人，看到过各种觥筹交错和艳丽的华服。

　　她第一次感受到这个她未曾接触过的外面的世界，有着非比寻常的热闹，也许热闹才是这个世界的本来面目，像是冬去春来，寒来暑往。

　　看跳舞的时候，张爱玲总会坐在小桌子旁，安安静静地吃掉面前的奶油蛋糕。

　　奶油香软的味道一直在她的记忆里，吃完蛋糕她总会很开心。

　　有一次老八做了一件好看的衣服打算送给张爱玲，眉开眼笑地问她："喜欢不喜欢这件好看的衣服啊？"

　　张爱玲的目光被漂亮的衣服吸引了，赶忙点了点头，目光丝毫不移地看着那件衣服。

老八接着笑吟吟地说道："那你喜欢我还是喜欢你妈妈？"

张爱玲想了想，怯怯地说了一声："喜欢你。"

老八满意地笑了，衣服便放到了张爱玲的手里，她看着衣服上面的亮片闪闪亮亮，眼睛似乎都要睁不开了。但她的心底，始终回荡着老八心满意足的笑。

她想妈妈是不能知道这件事的，她在心底第一次感觉到了自己对母亲的背叛。

老八是妓女出身，有很多不良的嗜好，弟弟在家里的日子过得还不如张爱玲。

张子静既不受老八的喜欢，也不聪明伶俐。

张家在他们姐弟俩小的时候就已经请好了私塾先生，每天张爱玲和张子静都要不停地背书，每次张爱玲都会比弟弟背得更快更好，也更让父亲张延重觉得欣慰。

张爱玲总是记得背书的岁月：

那一个时期，我时常为了背不出书而烦恼，大约是因为年初一早上哭过了，所以一年哭到头。——年初一我预先嘱咐阿妈天明就叫我起来看他们迎新年，谁知他们怕我熬夜辛苦了，让我多睡一会，醒来时鞭炮已经放过了。我觉得一切的繁华热闹都已经成了过去，我没有份了，躺在床上哭了又哭，不肯起来，最后被拉了起来。坐在小藤椅上，人家替我穿上新鞋的时候，还是哭——即使穿上新鞋也赶不上了。

老八带着媚俗的戾气，她久居风月场所，导致脾气火暴，回到家庭生活后，和张延重不平衡的家庭生活和地位又让她觉得冷漠和充满疲倦。

也许是张延重终于回忆起黄逸梵在的时候那独特的高贵和优雅，老八和张延重的矛盾越发激烈，终于在一次和张延重的争吵中，用痰盂打伤了张延重。

张家的族人听说了后，三番两次来谴责这个姨太太，说她无法无天。

老八最终被赶出家门，在命运悲哀的漩涡里，最终谁都难以逃脱也未得圆满。

第二卷　紫陌年华初长成

第一章　明月静好少年早慧

渐渐长大的张爱玲从小就有博闻强记的能力，她爱读书也爱听故事，加之在10岁上新式小学之前接受的都是私塾教育，对中国的古典名著如数家珍。

她喜欢《红楼梦》，在一生中将《红楼梦》读了无数遍，对于"满纸荒唐言，一把辛酸泪"应该有自己感同身受的理解。因此在文学领域，张爱玲堪称是古典文学功底最为深厚的女作家，这一切的幸运来源于家庭，就如同不幸也同样来源于家庭。

1928年，张学良东北易帜，北洋军阀政府全面垮台，全国各地的政治局势开始不断地动荡，积蓄着战争的火苗。老八被赶出张家后，张延重举家前往上海生活，开启了张爱玲的"上海传奇"时代。

这一年，张爱玲已经懂事，上海是她离开了天津后的第一个家。

第一次到达上海的时候，她坐在大海拥抱的船里，上下摇动。

她第一次看到茫茫的海面上升起来的雾气，那么朦胧而洁白。阳光射在了宽阔无垠的海面上，思绪被大船带着走远了。

上海的房子依旧是祖产中的一套，是在石库门的一家大宅院。上海经常下雨，人们用精致独特的口音说着家常话，空气里弥漫着陌生的香味。

张爱玲是孤单的，黄逸梵走了，留下了肆意妄为、无法无天的父亲。

张延重从未承担起一个父亲应有的形象和责任，这对于两个年幼的、价值观还未成熟的孩子来说，几乎是灭顶之灾。

第二卷　紫陌年华初长成

张子静经常被姨太太欺负，父亲对此不管不问。

慢慢地，张子静不再哭闹，也不再任性，他成为了一个唯唯诺诺、胆小怕事的孩子。

张爱玲无数次想过结束这些日子，让弟弟勇敢刚强起来，可她知道，长久的痛苦早已让这个孩子变得内向而冷漠，任谁也拯救不了他。张爱玲还不知，其实她自己亦是如此。

父亲由于抽大烟，身体一天不如一天，他开始怀念起黄逸梵在的日子。

他想念这个优雅的女子，但彼时的张延重和妹妹张茂渊的关系，并没有之前那么融洽了。争吵的时候，他越是认为妹妹张茂渊在他与黄逸梵之间挑拨离间，从中作梗，甚至他发现张茂渊和自己完全不同，带着妻子追求他完全不明所以的自由。他的心里对妹妹只有愤恨，此时此刻，他因为想念黄逸梵，不得不希望妹妹张茂渊回国。

而张延重的身体在大烟的作用下一天不如一天：

……他独自坐在阳台上，颈上搭着一块湿毛巾，两眼直视，檐前挂下了牛筋绳索那样的粗而白的雨。哗哗下着雨，听不清他嘴里喃喃说些什么，我很害怕了。

张爱玲写到这里，身体微微发抖，那小小的房子里透出了幽暗的光，让她的灵魂都觉得恐惧。

张延重的身体已经干枯得像是破落枯瘦的树木，脸色很不好，反应也很不灵敏。他修书一封，请黄逸梵回国，答应遣散姨太太，戒掉大烟，痛改前非。

黄逸梵见到信后怀着情义回国，开始是充满希冀的，希望通过自己的崭新梦想来改造这个家庭。于是，她变卖房产，购买了一座新式洋房别墅。

新式洋房别墅和之前的深宅大院相比小了不少，但却是张爱玲的母亲和姑姑都喜欢的，她们雇了女佣，甚至还有开洋汽车的司机和白俄罗斯的厨师。

张爱玲看到母亲和姑姑在落地窗下弹钢琴，窗外的阳光很暖。

她笑得很开心，这是她完全没见过的新奇的环境，全新的生活。

在张爱玲的处女作《沉香屑第一炉香》里，薇龙见过深宅大院，也见过上流社会的舞会和酒会，缘由尽数来源于张爱玲自己的生活。

到了这里之后，张爱玲会给天津之前的小伙伴们写信，那是张爱玲在天津生活时候的玩伴，信里描写的就是张爱玲的新屋，写了三张信纸，还画了图样，没得到回信——那样粗俗的夸耀，任是谁也要讨厌吧？张爱玲这样想，但在小张爱玲的心里，家里的一切她都认为是美的巅峰。

蓝椅套配着旧的玫瑰红地毯，其实是不甚和谐的，然而张爱玲喜欢这种英式风格，连带着也喜欢英国了，因为"英格兰"三个字使她想起蓝天下的小红房子，而法兰西是微雨的青色，像浴室的瓷砖，沾着生发油的香。母亲告诉她英国是常常下雨的，法国是晴朗的，可是却没法矫正她最初的印象。

这期间，张爱玲除了画画之外还弹钢琴，学英文。

她认为，自己大约生平只有这个时期是具有洋式淑女的风度的。

此外还充满了优裕的感伤，看到书里夹的一朵花，听母亲说起它的历史，竟掉下泪来。

她母亲见了就向她弟弟说："你看姐姐不是为了吃不到糖而哭的!"

张爱玲被夸奖着，一高兴，眼泪也干了，很不好意思。

《小说月报》上正登着老舍的《二马》，杂志每月寄到了，黄逸梵坐在抽水马桶上看，一面笑，一面读出来，张爱玲靠在门框上笑。所以她一直喜欢《二马》，虽然老舍后来的《离婚》《火车》全比《二马》好得多。

那是张爱玲的一段无比快意的时光。

黄逸梵曾经想让张爱玲和张子静上学，但张延重是反对的。

这也可以看出，张延重和黄逸梵的身上仍有不可调和的、种种观念上的不同。

第二卷　紫陌年华初长成

在黄逸梵的一力坚持之下，张爱玲终于幸运地去读了新式小学，但是黄逸梵对张爱玲的要求和希望远远不止于此。

而涨停中张延重对张爱玲的希望是有很大不同的，他希望张爱玲成为一个低调内敛的大家闺秀，而黄逸梵却一心希望她能成为一个品位高雅、落落大方的淑女。

但出乎黄逸梵意料的是，她发现张爱玲的性格与自己完全不像，这个孩子很忧郁。

到了中学，几乎很多同学都会反映，张爱玲郁郁寡欢，和人群总是疏离，没有什么朋友，也不善于表达和交际，过分安静。她被要求弹钢琴时，把这个视为一种煎熬，经常偷偷地看小说。

她虽然接受着西洋淑女的教育，可她和那样的女性有着截然的不同。

她有自己的敏感，也有自己的孤傲，不善社交也不善表达。

她的数学成绩不好，但是写作上的天赋逐渐显露，文辞优雅、内心细腻。

张爱玲：我一直在这里，等风，也等你

张爱玲过了父母关系相对和谐的两年生活，两年后，黄逸梵和张延重协议离婚。

在这两年的过程当中，张家已经不像曾经那么风光，张延重知道妻子有遗产和古董，总是变着花样希望把黄逸梵的钱花光，让她无路可走，终于引得黄逸梵对这个男人彻底失望。

黄逸梵终于给张延重递上了一纸离婚协议书，张延重在书房徘徊了两圈，不想签字，但是黄逸梵冷冷地说："我此刻的心比木头还坚硬。"

张延重知道无法挽回，叹了口气，签下了字。

张爱玲父母离婚虽然没有征得张爱玲的同意，但是张爱玲的内心深处是不反对的。

张爱玲在《私语》里写道：他们的离婚，虽然没有征求我的意见，我是表示赞成的，心里自然也惆怅，因为那红的蓝的家无法维持下去了。幸而条约上写明了我可以常去看母亲。在她的公寓里第一次见到生在地上的瓷砖沿盆和煤气炉

子，我非常高兴，觉得安慰了。

在心里，张爱玲是了解自己的父母的，他们的性格不合，在一起生活是一种折磨和痛苦，所以张爱玲也就不多加阻拦。

母亲离婚走了，但张爱玲始终觉得家里留有母亲的空气，纤灵的七巧板桌子，轻柔的颜色，有些张爱玲所不大明白的人来来去去。

她所知道的最好的一切，不论是精神上还是物质上的，都在这里了。

因此对于她，精神上与物质上的善，向来是打成一片的，不是像一般青年所想的那样灵肉对立，时时要起冲突，需要痛苦的牺牲。

张爱玲父母离婚还有一个重要的原因，张延重当时身体已经快要油尽灯枯，于是他的精神更加依赖别人。他的祖产已经被他挥霍了不少，他还想方设法一点一点地将黄逸梵的钱财挪用。这让黄逸梵觉得无比失望甚至恶心，这一点也影响了张爱玲。

张爱玲在写作生涯里，她的那些富家少爷、遗老遗少类的人物，大都是不仅不想着自己好好经营祖业，还想尽办法花光妻子的钱的。

《小艾》里，吴太太的丈夫把她的私房钱全都花光了；

《倾城之恋》里，哥哥把妹妹辛苦攒下的钱全都挥霍了；

《多少恨》里，父亲花光了女儿的辛苦钱，像一个反过来的《高老头》似的写照让人觉得触目惊心。

离婚后两个孩子都归父亲，母亲拥有干预张爱玲姐弟教育的权利。

黄逸梵一身轻松，再度出国，到了法国学习油画，张爱玲和张子静就这样被留在了父亲身边。到了法国生活的黄逸梵有比较幸福的一段时光，甚至还和徐悲鸿夫妇交情甚好。

张爱玲和弟弟张子静被判给了父亲后，她在这个家里过得小心翼翼。

第二卷　紫陌年华初长成

这时候的张爱玲读了中学，念的是圣玛利亚女校，这所学校系美国教会所办，成绩优异的毕业生有机会到欧美国家留学深造。学校称得上是贵族学校，上学的学生都是家世显赫的，洋房、洋车、司机和佣用人都是再常见不过的存在，但父母离异的张爱玲却经常穿着破旧的衣服，因为没有疼爱，没有关怀，过得十分孤独。她家里并不是真的已经陷入贫困之中，只是对她苛待而已。

她的成绩很优秀，努力用功学习，但和其他女孩子开朗自在的生活相比，她总是拘谨又故意显得满不在乎。她用这种冷冷的静默来抵挡别人对自己的伤害。

她的文章写得一直很好，得到了国文老师的器重，她的文学才华在全校都很出众。

张爱玲曾说：出名要趁早，不然不痛快。

她十几岁开始发表文章，到后来在上海成名，可以说是年少成名，她一直主张年少时精彩地张扬，到了老了再去为了实现自己的梦想而奋斗，不免更加难了。

1932年，也正是母亲离开的这一年，张爱玲在校刊上发表了处女作《不幸的她》。

这是一部反映了当时张爱玲完完全全的内心情感的作品。

《不幸的她》写一对少女时代的闺密，长大以后，一个为反抗母亲为她订的婚姻而漂泊四方，一个自由恋爱结婚后过上了幸福的生活。

10年后，两人相见，一星期后，"不幸的她"悄然离去。因"不忍看了你的快乐，更形成我的凄清"！

《不幸的她》中，明显地投射着母亲的形象，而倔强地坚持独自咀嚼"凄清"的"她"又正是张爱玲内心深处的真实写照。

这个叫作素贞的女孩，是张爱玲笔下的第一个主人公。

没有任何一点的温暖和让人希冀，反而是用无数的悲剧拼接起来的，最后素贞的自杀也彻头彻尾地印证了这个悲剧的浓烈。

那个时候张爱玲只是个孩子，原本应该写着对于未来、对于梦想充满了热情和盼望的诗句，可她第一部作品竟是如此激烈的悲剧，像是轰轰烈烈的火焰一样，把主人公身上的眼泪全都蒸发了。

无数人被张爱玲的故事震惊，她的故事的手抄本在同学之间传看，多少人禁不住落下了眼泪。

张爱玲其实从未想过，能够把自己的感情融入文学作品里，并让他人得以感受。

但这篇文章，是张爱玲第一次体会到文字的伟大，文字的力量。

也许是因为在父亲家里长久的压抑，也许是因为家世显赫，让她从小在私塾里学了太多的古典诗词，拥有深厚的底蕴。她的遣词造句浑然天成、行云流水，连父亲都拍案称奇，有客人的时候还会拿出张爱玲的作品让他们一一观赏评价。

太多人知道，文学才华对于一个女孩子而言，是了不得的东西。

在古代，女子擅长女红和歌舞的大有人在，可是文学才华是一种奢侈，她们没有那么多的机会去学习，更没有丰富阅历，能留下名字的女作家更是屈指可数。

太多人在张爱玲身上看到从未有过的、属于女孩子的灿烂才华。

他们当然以为这种才华会一闪而过，这种才华会随着年龄和生活而坠落下去。

可太多人未曾想到，不仅没有减少，张爱玲在此后的岁月里熠熠生辉，成为了上海文坛年青一代的传奇。

从《不幸的她》这部作品中的感伤基调，就可以感受到在父亲家里的生活给她带来了太多的压抑。这种压抑在灵魂深处找不到一个发泄的地方，她只能诉诸笔端，希望能够通过作品来排遣。

许多作家都会写悲剧，悲剧对于文学写作的特殊意义是不一样的。

鲁迅写作悲剧，是为了"将美好的东西毁灭给人看"，他希望发人深省，但张爱玲写悲剧，是希望安抚自己内心深处无处潜藏的感情，抚平自己日日夜夜无人关怀、无人问津的伤痕。

她过早地把自己包裹起来，过早地让自己坚强而冷漠，其实她的心里渴望着别人的温暖，可是她太需要也太缺乏了。

她二十一岁，她母亲已经衰老，忽然昏悖地将她许配给一个纨绔子弟！她烧起愤怒烦恨的心曲，毅然地拒绝她，并且怒气冲冲地数说了她一顿；把母亲气得晕了过去。她是一个孤傲自由的人，所以她要求自立——打破腐败的积习——她要维持一生的快乐，只能咬紧了牙齿，忍住了泪痕，悄悄地离开了她的母亲。漂泊了几年，由故友口中知道母亲死了。

一星期过去，她忽然秘密地走了。留着了个纸条给雍姊写着："我不忍看了你的快乐，更形成我的凄清！""别了！人生聚散，本是常事，无论怎样，我们总有藏着泪珠撒手的一日！"她坐在船头上望着那蓝天和碧海，呆呆地出神。波涛中映出她的破碎的身影——啊！清瘦的——她长吁了一声！"一切和十年前一样——人却两样的！雍姊，她是依旧！我呢？怎么改得这样快！——只有我不幸！"

　　素贞是如此决绝而悲剧的，张爱玲做不到如此决绝地和这个世界挥手作别。

　　但是张爱玲也知道，那些无穷无尽的束缚捆绑着她，让她多么想要自由和充满温情的呼吸。她无法和这个世界妥协，无法和世界和解，所以她选择了让自己的素贞走向死亡。这也代表着，自己的心里从未停止过抗争。

　　她想抗争这个世界给予自己的冷漠，她想抗争命运的不公，抗争家庭未曾带给她一些关心和照顾。她是能够理解母亲的，虽然想念，虽然难过，但是她真切地支持母亲的离开，并希望母亲过上自己希望的幸福生活。长大后的张爱玲越发能够理解她，虽然她的离开给张爱玲带来了无法忘却的缺憾，但是她依旧明白自由和梦想对于母亲的意义，也开始敬佩母亲的勇敢。

第二卷　紫陌年华初长成

如果梦想是一段注定孤独的旅途，张爱玲就像乘着一艘小船，飘荡在摇摇晃晃的海面上。

文字对于张爱玲有着持久的吸引力，让她不断地去努力探索和发现这条路上的每一点风景。

张爱玲自己摸索的第一部作品，成文在她七岁的时候。

七岁的孩子还没有上学，但是张爱玲识字、写字非常早。她家里常年订阅报纸，那个时候最为畅销的小说流派是鸳鸯蝴蝶派。

鸳鸯蝴蝶派在中国现代文学史上的地位本是不高的，由于他们的小说志趣只停留在才子佳人谈情说爱上，因此在思想意味上非常单薄，时代意义也是大打折扣。但是鸳鸯蝴蝶派吸收了中国古典小说的精髓，文字十分优美，让人看了禁不住觉得唇齿留香。

张爱玲七岁那年自己尝试着写了一部鸳鸯蝴蝶派的小说，写的是小姑子和嫂子的家庭斗争。这篇小说没有起题目，由于很多情节的一些细节思考不到位，她并没有完成这部作品。但这一次宝贵的尝试，然让她有了以后无数的创作冲动。

如果说成为一个作家是张爱玲从未想到的，那么她的作品那苍凉的底色却是一早就注定的

张爱玲从创作之初就很少写喜剧，她的文字里吐露出一种难以名状的苍凉。

每一个人物之间的关系从来都不是你侬我侬，即使是轰轰烈烈也带着一种浅浅的薄凉的质感。让人心驰神往，充满了朦胧和深邃。

第二章　匆匆的疏离

张爱玲永远记得父母离婚的那一天，那一天开始，她失去的不仅仅是完整的家庭，还有父母对她仅存的关爱。此后的母亲如同一个不存在的人物，常年停留异国他乡。而父亲，则更是令她憎恨，殴打、禁锢、冷漠的伤害……

一天，张爱玲很早吃了早餐之后就由司机接送去上学。头顶上是柔软的，还在迷蒙的黑色的天幕，碎落着闪烁的看不到远方的星星。路上有很多细小的煤屑，碎碎地且坚韧地支撑着吱吱呀呀的汽车前行。

下了车，吹过有些寒冷的风，撩起她还粗短的黑发，她抬手整理了一下落在肩头的烟烬。前边的路旁有黑色衣服的女人，指间夹着明灭的烟火，轻轻一弹，碎落一地的火花顺着风，朝她的方向飞过来。她的头微微躲闪了一下，一些带着最后的红艳沾染到了她的短发上，她闻到空气里氤氲的气息。在那一瞬间，她爱上破败而颓唐的气息，她开始有了无数的创作冲动。

写字能够让张爱玲慢慢地从痛苦中走出来，就像是一只手一样，温和地抚摸着她的心灵。

这种温暖能缓解母亲离开的痛苦，这是张爱玲当时唯一可以抓住的救命稻草。

进入圣玛利亚女校的张爱玲完全进入了一个全新的生活环境和领域里。

她再也不用整日在家里过着千篇一律的生活了。

圣玛利亚女校有许多出身和张爱玲层次接近的同学，张爱玲虽不是很开朗的性格，但融入同龄人的环境中更自由了些。

学校有很多人捐助图书，也有很大的图书馆和自由自在的学习风气。张爱玲沉迷于写作，更沉迷于阅读，图书馆提供给了张爱玲自由阅读的便利。

她大量阅读名作，还会模仿一些作家的风格去创作一些作品。

在不断的探索当中，她产生了一种奇妙的感觉，仿佛自己的心和他们贴得很近，再也不是茫然孤独的一个人了。

张爱玲很喜欢古典名著，在晚年还曾经翻译《海上花列传》，对于《红楼梦》更是有着一种情结。

张爱玲的一生中两度创作出对于《红楼梦》的衍生作品，都各成一体、独具风格。一个作家对于《红楼梦》做出年少和晚年两种解读，也是一种传奇。

年少时张爱玲曾经写作了《摩登红楼梦》一书。

从"摩登"两字就可以知道，这是张爱玲在《红楼梦》基础上的一种全新的解读。

张爱玲很小就对于《红楼梦》有着自己独特的理解和喜爱，她喜爱《红楼梦》很大一部分原因，是《红楼梦》中描写的很多东西和张爱玲自己的生活太过于相似。

曹雪芹出身一个名门望族，见过极其豪华的生活，也经历过从繁华到破灭的整个过程。

而张爱玲也可以算得上贵族家庭出身，经历过真正的豪门生活。

没有人能够比她对于《红楼梦》的感触更深，她活生生地经历过那些考究的美食，那些尊贵的金银玉器，那些偷偷读的书，漂亮的花园和悄悄的呓语。

她并不是像其他作家一样对于《红楼梦》心驰神往、大呼惊奇，她是看着看着就暗自落下泪来，她是那个能够把自己也放进去，体会得如此深刻的人。

正是因为体会得如此深刻，她忍不住将《红楼梦》带入自己的生活当中，带入上海的一草一木和街景繁华当中去。

张爱玲写《摩登红楼梦》的另一个原因，是她竟然能够在几眼当中就分辨出，后40回续作逊色于前80回的作品。判断出真伪后，她心里心心念念着这个故事，因此一定要改掉，给自己热爱的人物一个自己热爱的结尾。

有人说她爱《红楼梦》是从"直觉"开始，从"研究"

结束的，因为张爱玲曾经晚年70多岁还在写作《红楼梦魇》，作为严谨治学之作。

《红楼梦》从头到尾贯穿她的一生，在这本书里，贾珍可以请来律师，贾府办起了歌舞团，宝玉因为伤心独自出国了。

这是些充满了新时代意味的描写和生活。

《摩登红楼梦》没有被保留完整，只有一些张爱玲提起的存稿：

我就写了个长篇的纯粹鸳蝴派的章回小说，《摩登红楼梦》。

回目是我父亲代拟的，颇为像样，共计五回："沧桑变幻宝篇住层楼，鸡犬升仙贾琏膺景命""弭讼端覆雨翻云，赛时装嗔莺叱燕""收放心浪子别闺围，假虔诚情郎参教典""萍梗天涯有情成眷属，凄凉泉路同命作鸳鸯""音问浮沉良朋空洒泪，波光骀荡情侣共嬉春""陷阱设康衢娇娃蹈险，骊歌惊别梦游子伤怀"。

这五回也足以证明张延重有着深厚的古典文化基础。张延重还曾将张爱玲所作的作品给大家欣赏，被许多人交口称赞，但这么富有才华的张延重在腐朽堕落的生活里，丧失了父辈的英雄气质，只愿意做一个舞文弄墨的遗少式人物。

反倒是张爱玲，在《摩登红楼梦》里，用闪烁如珠光的词汇点燃出许多新奇的色彩。

在《摩登红楼梦》的开端，主人公贾宝玉收到傅秋芳寄来的一张照片，宝玉就笑出了声，直拉着身边的袭人，问是袭人漂亮还是林妹妹漂亮，一边说一边两眼放光。袭人听说和自己比较，心下暗恼，便不去回答宝玉这个问题，只说今天老爷就要从南京坐汽车回来，到时候要看宝玉的功课，宝玉必须按时去请安。

不仅仅写了新式汽车，他们的生活环境也不再是深宅大院，比如写的很多情景都从深宅大院挪到了小公馆这个时代新兴的环境里。

张爱玲写贾琏得官的时候，是这么说的，"黑压压上上下下挤满了一屋子人，连赵姨娘周姨娘也从小公馆里赶了来了，赵姨娘还拉着袖子和凤姐儿笑着嚷：二奶奶大喜呀！"

　　来拜访的黑压压地挤满了一屋子的人，其中赵姨娘周姨娘就是特地从小公馆里赶了来的，赵姨娘一进来就知道拉着袖子和凤姐儿笑着嚷恭喜她家二爷得喜。

　　凤姐儿更加满脸是笑，一把拉住宝玉告诉他，让他赶紧去给琏二哥道喜，正是老爷的帮忙他才能当上铁路局长。宝玉慢慢地挤了进去，又见贾母歪在杨贵妃榻上，鸳鸯蹲在小凳上就着烟灯烧鸦片，琥珀斜倚在榻上给贾母捶腿。

　　贾琏这时候真是心花一朵朵都开足了，这一乐直乐得把平时的洋气派、洋礼节都忘得干干净净，退后一步，垂下手来，恭恭敬敬地给贾政请了个安，感恩戴德着二叔的栽培。

　　凤姐儿在房中置酒相庆，她此时此刻好不春风得意。摆了宴席就让平儿也喝几杯酒水，跟着开心开心。描写三人传杯的时候，张爱玲将自己的父亲和姨太太的经历融合到里面。凤姐儿问他是不是要找公馆里的姨太太，他一面赔笑，一面也不否认。

　　凤姐儿的嘲讽里总是有那么一些辛酸的，这样的辛酸和张爱玲的母亲不一样，凤姐儿把希望寄托在男人身上，黄逸梵却把有了姨太太的丈夫弃之如败絮。

贾珍带信来说，尤二姐请律师要控告贾琏诱奸遗弃，贾珍挪了尤氏的私房钱来堵上这个窟窿。不仅如此，还写了主席夫人贾元春主持的新生活时装表演，秦钟的私奔，贾府里打发出去的芳官、藕官加入歌舞团，复写贾珍父子及宝玉所追求，巧姐儿被绑，宝玉闹着要和黛玉一同出洋，家庭里通不过便负气出走，贾母、王夫人终于屈服，但后来宝玉和黛玉因为拌嘴，宝玉最终自己一个人出国去了。

《摩登红楼梦》里通过写汽车，写公馆洋场，完全再现了当时的社会生活，是张爱玲在自己时代的背景感召下全新的尝试。这篇《摩登红楼梦》，张爱玲写起来文笔行云流水，情节里带着年轻飞扬的色彩。

张爱玲是不喜欢《红楼梦》的结尾的，《红楼梦》深刻地影响了张爱玲的文笔的形成，让她不断地成熟。在张爱玲的早期作品里，《红楼梦》般经典的语言色彩随处而见，而

第二卷　紫陌年华初长成

等到了张爱玲在历经坎坷后写作《半生缘》，她的文笔才逐渐脱离了红楼梦的影响，开始自成一派。

不仅写作小说，张爱玲的散文也是大有千秋。

在1933年，张爱玲在圣玛利亚发表的第一篇散文《迟暮》，并开始与父亲学写旧诗。

《迟暮》里写道：黄卷青灯，美人迟暮，千古一辙。

她心里百转千回着，一滴冷的泪珠流到嘴唇上，封住了想说又说不出的颤动着的唇。那个时候的张爱玲是敏感的，是难过的，是一个有着万般柔肠的女孩子。

在初试文学的路上，她感受到了情感释放开来的酣畅淋漓。

1934年张延重再娶，后母为孙宝琦之女孙用蕃，全家迁回麦根路别墅。

后母的到来，让张爱玲在这个本就淡漠的家庭中更加谨小慎微起来。

她经常想起童话故事里面的恶毒后母，也想着林黛玉在贾府的谨小慎微。

张爱玲在那段时间内心是很低迷的，她写了《理想中的理想村》《摩登红楼梦》《后母的心》等文章，皆未发表。

张爱玲的心情无比低沉，她曾经回忆起这段岁月：

我们家搬到一所民初式样的老洋房里去，本是自己的产业，我就是在那房子里生的，房屋里有我们家太多的回忆，像重重叠叠的照片，整个的空气有点模糊。有太阳的地方使人瞌睡，阴暗的地方有古墓的清凉。房屋的青黑的心子里是清醒的，有它自己的一个怪异的世界。而在阴暗交界的边缘，看得见阳光，听得见电车的铃与大减价的布店里一遍又一遍吹打着"苏三不要哭"，在那阳光里只有昏睡……那里什么我都看不起，鸦片、教我弟弟作《汉高祖论》的老先生、章回小说，懒洋洋灰扑扑地活下去……父亲的房间里永远是下午，在那里坐久了便觉得沉下去，沉下去。

继母孙用蕃原本在生父家里过得并不好，甚至没有一席之地，嫁入张家在她心里原本是一个崭新生活的开始，她终于成为了一个家庭的完完全全的女主人，但一进家门她就发现了张延重这与众不同的一儿一女。

尤其是张爱玲，和想象中温文尔雅的大家闺秀不一样，她独立敏感，毫不退让。

张爱玲在圣玛利亚女校是住校，因此并不经常回家。

起初，张爱玲对这个后母也是客客气气的，但她一次次见到了后母对于弟弟张子静的欺压，心里难免对这个女人爱不起来，虽然不喜欢，但张爱玲依旧保持着一个恭敬的距离，一直到张爱玲的生母黄逸梵回来之前，她们都没有发生剧烈的冲突。

第三章　花落离散中

可怕的事情终于发生了。

1936年，张爱玲的母亲携美国男友返回上海，就住在他们附近。

继母知道黄逸梵要回来后，每每想到就瑟瑟发抖。

张爱玲在《小团圆》里记叙过，女儿九莉正是张爱玲的化身，她的父亲乃德再婚的时候36岁，娶了翠华作为妻子，这翠华正是孙用蕃的化身。

九莉从家里逃到生母家里去，从此和父亲家再也不相往来。

翠华结婚之前在家里就过得不好，这直接影响了这个继母的性格。她年轻的时候爱上了自己的表哥，有了不伦的关系，家里觉得非常耻辱并阻止此事，有点像《罗密欧与朱丽叶》的情节，他们相约服毒自杀。但表哥面对死亡最终反悔，她虽然没死，却成为了众人的笑柄。失去了这一段爱情的她，终于对男人失望透顶，心灰意懒。

更可怕的是，她慢慢地染上了大烟，烟瘾发作的时候全身抽搐颤抖。她想从这一段感情当中抽离出去，漫天冰雪的河边，她一次次想过跳下去，可她知道自己做不到。她经常哭，哭到眼泪流干了就再接着躺在那烟席子上，仿佛长眠不起。

结婚的那天，人们偷偷瞥了一眼新娘，暗笑她如此衰老，她心心念念想要在丈夫身上找到新生的希望，可是丈夫心里其实还是有前妻的。

他的前妻太过优秀，不仅美丽有学识，而且还为他生下了两个孩子，虽然离开了家，但这个家庭却处处笼罩在前妻的阴影之下。

更让她痛苦的是，丈夫唯一的妹妹和前妻的感情特别好，两个人意气相投，引以为知己，甚至住在一起，形影不离。

后母还和陆小曼是好朋友，越是看着好朋友这样地灿烂耀眼，越觉得自己如此不堪和落魄。终于在一次家庭矛盾之后，她怒气冲冲地打了九莉，出了这口心里的恶气。

在《小团圆》里，张爱玲完全塑造了一个恶母的形象，她对她冰冷的恨意通过文字透露出来，丝毫不减那种痛楚，张爱玲不喜欢孙用蕃，因此下笔也毫不留情，将自己的经历完全化作了笔下的骨血，孙用蕃曾经有一段失败的感情，这段感情让她变得耻辱而内疚，张爱玲笔下的孙用蕃像曹七巧一样，拷着黄金的枷锁在这个深宅大院里空耗着青春年华，将自己熬成了冢中枯骨。

她对张爱玲和张子静的霸道和苛刻，让还未成年的他们感到这个家庭的陌生。

父亲刚要结婚的时候张爱玲感到一阵绝望，她曾描述过：

我姑姑初次告诉我这消息，是在夏夜的小阳台上。我哭了，因为看过太多的关于后母的小说，万万没想到会应在我身上。我只有一个迫切的感觉：无论如何不能让这件事发生。如果那女人就在眼前，伏在铁栏杆上，我必定把她从阳台上推下去，一了百了。

于是，张爱玲在《小团圆》里，写尽了自己的无助。

张爱玲是冰雪聪明的，但是却并不软弱，她常常和后母针锋相对，她骨子里的尖锐和偏执，令她半点都接受不了这个女人。

虽然黄逸梵回国对张爱玲的境遇并没有带来多大的转变，但对于继母孙用蕃来说，却是她心底的一个毒瘤。

黄逸梵为张延重养育了一儿一女，她却没有为张延重养育孩子，相比较起来，当然是黄逸梵和这个家庭的关系更加紧密，根基更为深厚。

孙用蕃在家里做了很多年的老姑娘，此时此刻见到这个情景，更加痛彻心扉。

丈夫张延重显然对于黄逸梵仍有旧情；孩子们心里也只有黄逸梵那个亲生母亲，甚至有时间就往黄逸梵那里跑；张茂渊更是和黄逸梵形影不离，亲密得如同一个人，更加不认同她这个所谓的嫂子。

孙用蕃的心里只有恨，而张爱玲就像是黄逸梵的影子，像黄逸梵的替身，时时刻刻提醒着她那个毒瘤的存在。

而这次黄逸梵回国，也并非一时兴起，她是为了张爱玲上学的事。

张爱玲高中即将毕业，要求出国留学，但张延重一如既往地拒绝了这个要求，甚至尖刻地把离婚的痛楚和愤恨都通过这件事情表现了出来。

张延重坐在高榻上，毫不客气地说："你母亲离了婚，还要干涉我们的家事。果真难以割舍，当初何必离开？若是放不下，为何不回来？可惜迟了一步，回来也只有做姨太太。"

张延重的心里是痛苦的，女儿跟着自己十几年，但当母亲回来之后就一次次往母亲那里去。他觉得张爱玲心里是没有他这个父亲的。

而黄逸梵已经离婚了还靠着自己的影响力决断女儿的事情，更让张延重难以接受。

第二卷　紫陌年华初长成

他听到"出国留学"这四个字从张爱玲的嘴里冒出来，就仿佛听到了当年黄逸梵坚决说一定要离开这个家去法国。

他在女儿的身上看到了前妻离开的时候的决绝，他有一种感觉，前妻不仅自己从这家里离开，连女儿也要带走，他怒不可遏。

张爱玲曾描写过一段往事，张廷重为了一点小事，打了弟弟张子静：

……在饭桌上，为了一点小事，我父亲打了他一个嘴巴子。我大大地一震，把饭碗挡住了脸，眼泪往下直淌。我后母笑了起来道："咦，你哭什么？又不是说你！你瞧，他没哭，你倒哭了！"

我丢下碗冲到隔壁的浴室里去，闩上了门，无声地抽噎着，。我立在镜子面前，看着眼泪滔滔流下来，像电影里的特写。我咬着牙说："我要报仇。有一天我要报仇。"

浴室的玻璃窗临着阳台，啪的一声，一只皮球蹦到玻璃上，又弹回去了。他已经忘记了那回事了。这一类的事，他是惯了的。我没有再哭，只感到一阵寒冷的悲哀。

在张爱玲的心里，把这些伤害看得清清楚楚，也把父亲和后母一起归到了让她这么痛苦的人的行列里。

此时，日本已经开始了侵略计划，国家已经开始动荡开来。

一家人从没有感觉到战火就要这么清晰地来了，张延重的家住在苏州河旁边，每天日夜枪炮声不断，她向张延重报告之后去了母亲那住了两个星期，没想到回家之后，后母非常生气。

"你为什么不跟我报告一声！"孙用蕃气愤地问道。

"我已经和父亲说过了。"张爱玲回答。

"哦，你和你父亲说过了，你眼睛里哪里还有我？"孙用蕃抬手打了张爱玲一个耳光，张爱玲从未被人打过，她惊讶极了，随后倔强的自尊心突然喷涌般扑上来，她气急之下连忙要挥手打回去。屋子里乱作一团，后母惊叫着跑上楼去。这时候父亲张延重正好听到吵闹声跑下楼来，她看到后母捂着脸喊叫："她打我，她要打我。"

第二卷　紫陌年华初长成

其实这一巴掌，孙用蕃等了三年。

这三年间，她无数次在张爱玲身上看到黄逸梵的影子，无数次想要下手扼除这样尴尬的家庭生活，终于她找到了这个绝佳的机会。

父亲看到了一把鼻涕一把泪的后母和倔强气愤的张爱玲的时候，怒不可遏，不由分说地对张爱玲进行了一场毒打。

张爱玲觉得自己的意识都已经模糊了，不知道怎么去还手。

父亲上楼去了，张爱玲立起来走到浴室里照镜子，看她身上的伤、，脸上的红指印，她想立刻报巡捕房去。

走到巡捕房大门口，被看门的巡警拦住了说："门锁着呢，钥匙在老爷那儿。"

张爱玲试着撒泼，叫闹踢门，企图引起铁门外岗警的注意，但不行，撒泼不是容易的事。

张爱玲回到家里来，这次父亲恼怒得更加厉害，把一只大花瓶向张爱玲头上掷来，稍微歪了一歪，飞了一房的碎瓷。

父亲走了之后，何干对张爱玲哭："你怎么会弄成这样

81

呢？"

她心疼地看着这个她从小看到大的孩子，是这样的倔强偏执到遍体鳞伤。

张爱玲这时候才觉得满腔冤屈，气涌如山地哭起来，抱着何干哭了许久。

然而何干心里是怪张爱玲的，因为爱惜张爱玲，何干的心里对张爱玲更多的是担心，怕她得罪了父亲，以后更没有好日子过。但张爱玲偏偏倔强，恐惧让张爱玲对父亲更加冷漠和强硬。

硬碰硬并没有使张爱玲解除这种窘境，张爱玲独自在楼下的一间空房里待了一整天，晚上就在红木炕床上睡了。她永远都记着那个晚上，她觉得恐怖的一天，那样的日子真让她发抖。

她的脑海里一直都回旋着父亲喊着要用枪打死她，她不觉得恐惧，只觉得有什么东西终于破碎了，那个春日迟迟的屋子，再也不是记忆里那个慵懒的样子：

我生在里面的这座房屋突然变成生疏的了，像月光底下的，黑影中现出青白的粉墙，片面的，癫狂的……楼板上的蓝色的月光，那静静的杀机。

……躺在床上看着秋冬的淡青的天，对面的门楼上挑起灰石的鹿角，底下累累两排小石菩萨——也不知道现在是哪一朝、哪一代……朦朦胧胧地生在这所房子里，也朦胧地死在这里么？死了就在园子里埋了。

在此后半年内，张爱玲的精神状况都不好，她躺在床上伤口剧痛无法动弹，并且被拘禁起来不见天日。她无时无刻不想着逃出去，眼泪顺着眼眶不断地落下。

在这半年里，不管是精神世界还是肉体，张爱玲都承受着病痛的折磨。

她记着这段生活，也在这段日子里产生了大段大段的幻觉：

在这一刹那间，一切都变得非常清晰。

百叶窗下的暗沉沉的餐食，饭已经开上了桌，没有金鱼的金鱼缸。

白瓷缸上细细描出橙红的鱼藻。

待她生了很重的病，父亲不给她医治，她就安安静静地躺在那里，想起自己读过的那么多书，哪本能助她逃出去？

我也知道我父亲决不能把我弄死，不过关几年，等我放出来的时候已经不是我了。数星期内我已经老了许多年。我把手紧紧捏着阳台上的木栏杆，仿佛木头上可以榨出水来。头上是赫赫的蓝天，那时候的天是有声音的，因为满天的飞机。我希望有个炸弹掉在我们家，就同他们死在一起我也愿意。

整整半年她都想逃出这个暗无天日的地方，这个地方在她心里已经不能称之为一个家。

她那个时候很想念妈妈，其实她和妈妈并没有太多的机会和时间接触。

她只是觉得母亲会亲切一些，优雅一些，她也会告诉她做一个淑女，告诉她要接受良好的教育。

从心底，她已经完完全全地站到母亲那边去了，所以她更要拼尽一切地逃出去。

姑姑由于张爱玲被打，还曾去张延重那里劝告求情，结果被用烟杆打伤了头，面部缝了针，她气愤地发誓再不管张延重的家事。

　　虽然姑姑的帮助并没有任何作用，但张爱玲依然十分感激她。

　　这个姑姑十分新潮，是天津城里第一个戴眼镜的女性。她是这么的倔强，又是这么的脉脉温情。

　　张茂渊对张爱玲很好，在张爱玲的一些文章里，回忆起姑姑都充满了温情。

　　张爱玲终于趁着一个松懈的时机，不顾一切地从家里逃了出来，跟随着母亲生活。

　　可在母亲家里，她并没有得到期望已久的关怀，母亲经常尖刻地对张爱玲说话，在家里聚会的时候也曾经讥讽女儿，暗示女儿不成气候等，这让张爱玲一度更加伤心。

　　在张爱玲逃到母亲家的那年夏天，她弟弟也跟着来了，带了一双报纸包着的篮球鞋，说他不回去了。她母亲解释给他听，说她的经济力量只能负担一个人的教养费，因此无法收留他。

他哭了，张爱玲在旁边也哭了。

后来他到底回去了，带着那双篮球鞋。

张爱玲的弟弟张子静一生也没有逃离那个家庭，在后母的影响下，张子静很长一段时间性格都有些懦弱。张爱玲心里是难过的，她从小到大都很喜欢弟弟，但现在弟弟的处境这么岌岌可危，她却无能为力，愧疚弥漫了她的心。

也正是这一年，发愤图强的张爱玲参加伦敦大学远东区入学考试，得了第一名。

在父母刚刚离婚的时候，张爱玲就计划着去国外留学：

在前进的一方面我有海阔天空的计划，中学毕业后到英国去读大学，有一个时期我想学画卡通影片，尽量把中国画的作风介绍到美国去。我要比林语堂还出风头，我要穿最别致的衣服，周游世界，在上海自己有房子，过一种干脆利落的生活。

张爱玲能够出国留学，和她就读的圣玛利亚女校的教育环境息息相关。

张爱玲中学念的圣玛利亚女校是美国教会所办，与圣约翰青年学校、桃坞中学同为美国圣公会设立的大学预科性质的学校。这些学校中成绩优异的毕业生可以有机会到英美的名牌大学去深造，其中享誉盛名的大作家林语堂便是由圣约翰青年学校保送到美国去读书的。

张爱玲在家里时经常订阅报纸，对于许多小说和佳作都早有阅读。

她的心里对于这一位优秀的校友怀有崇敬之情，林语堂是她年少时期的偶像。

因此在圣玛利亚女校读书的时候，她经常想起林语堂的事迹，希望自己也能够像他一样成为有名的作家。

1939年，张爱玲与母亲、姑姑迁居静安寺路赫德路口爱丁堡公寓（今常德公寓）5楼51室。

原本要去英国伦敦大学读书的张爱玲，由于第二次世界大战爆发后英国卷入战火，为了躲避战火，张爱玲只能转读香港大学中文系，并在这里认识了终生挚友炎樱。

第四章　灯火璀璨初起

张爱玲来到了母亲家，她以为幸福的温暖的日子就要到了。

母亲家里住的是洋房别墅，她仿佛一个灰姑娘回到了城堡里，但并没有想到，她其实是从一个异乡到了另一个异乡。

黄逸梵对张爱玲的态度是非常淡漠的，一定程度上，她虽然生下了这个孩子，但是她在孩子身边陪伴的时间太少了。她心里也没有将自己定位到一个有责任的母亲上，她希望张爱玲成为一个淑女，但很快她发现自己的女儿距离"淑女"两字差的不仅是十万八千里。

其实并不是张爱玲不符合淑女这个特点，只是张爱玲本身是一个特立独行的人，而淑女要会弹钢琴、会打扮、举止优雅从容，张爱玲并不是这样的女孩。

她天生具有艺术家一样的敏感和脆弱，而且不管是父亲还是母亲，从来没有一个人去保护这些敏感和脆弱。母亲处处以规则来制约她，甚至在她做不到的时候，在客人面前尽情奚落女儿。

张爱玲从那个时候开始，变得越发内敛和木讷。

她在自己的一间屋子里居住上几年，都无法记得电铃在哪里。

她非常容易遗忘，终日懒散，自理能力也很差，疏于打扫，与其说是自理能力差，不如说是她的精神世界让她对生活产生了倦怠。

张爱玲回想起自己在家里写作那些故事的时候，在私塾背书的时候，父亲张延重对于她的文学才华是能够发现并且重视的。张延重也多次说过张爱玲的作品真的绝佳，可在母亲这里，对于写作而言没有任何嘉奖，全都是对于她没有西洋淑女作风的失望。

渐渐地，张爱玲变成了一个很自卑的人。

她心里唯一热爱的，引以为傲的，就是笔下那些活灵活现的文字。

她爱它们，那些寂寞的日子，那些亲人离着自己的精神世界很远，朋友也觉得她是异类的日子，只有文字陪伴着这个十几岁的小女孩成长，不断地成长。

很快地，张爱玲在私塾的时候学的那些诗词歌赋，成为了她最为了不起的养料。

她的文化底蕴极其丰富，《孽海花》中曾写过她祖父的许多事迹，张佩纶在流放期间还写作了《管子注》24卷、《庄子古义》10卷，后来又写了《涧于集》《涧于日记》等。

为了弄懂《孽海花》中很多的典故，也为了弄明白祖父的很多志向和感情，张爱玲读过许多书，这些精神营养抚慰了小女孩的心灵。

她记得曾经的窗，榆树漏下一地的阳光，爬山虎蔓延过低矮的墙，但每一扇小小的窗，都装满一个温暖的天堂。后

途》。

　　此时的张爱玲并不出众，也没有按照母亲的希望成长为名门淑女的样子。她敏感中带着自卑，不爱和人交流，对身边的人都带着几分疏离。

　　夜风丝溜溜地吹过，把帐篷顶上的帅字旗吹得豁喇喇乱卷，在帐篷里，一支红蜡烛，烛油淋淋漓漓地淌下来，淌满了古铜高柄烛台的浮雕的碟子。在淡青色的火焰中，一股一股乳白色的含着稀薄的呛人的臭味的烟袅袅上升。项羽，那驰名天下的江东叛军领袖，巍然地跽在虎皮毯上，腰略向前俯，用左肘撑着膝盖，右手握着一块蘸了漆的木片，在一方素帛上沙沙地画着。他有一张粗线条的脸庞，皮肤微黑，阔大、坚毅的方下巴。那高傲的薄薄的嘴唇紧紧抿着，从嘴角的微涡起，两条疲倦的皱纹深深地切过两腮，一直延长到下颚。他那黝黑的眼睛，虽然轻轻蒙上了一层忧郁的纱，但当他抬起头来的时候，那乌黑的大眼睛里却跳出了只有孩子的天真的眼睛里才有的焰焰的火花。

虞姬的心在绞痛，当她看见项王倔强的嘴唇转成了白色，他的眼珠发出冷冷的玻璃一样的光辉，那双眼睛向前瞪着的神气是那样的可怕，使她忍不住用她宽大的袖子去掩住它。她能够觉得他的睫毛在她的掌心急促地翼翼扇动，她又觉得一串冰凉的泪珠从她手里一直滚到她的臂弯里，这是她第一次知道那英雄的叛徒也是会流泪的动物。

在《霸王别姬》里，张爱玲开始显现出精湛的细节描写的出色之处，通过外貌描写深深刻画出项羽的形象。

也通过虞姬的形象，表现出将要战败前两个人的依依不舍的生离死别，把虞姬的美丽勾勒得栩栩如生。

最后的凄美结局也是早期的"张爱玲式"结尾的一种尝试，不是简简单单的悲戚，而是含着思想的。

张爱玲还写过一篇小说《牛》，这是一篇反映生活的小说，是张爱玲第一次尝试写作农村题材，将人物的心理描写得非常细致入微，底层民众的苦痛生活，充分地在这篇小说里展露开来。

第二卷　紫陌年华初长成

　　牛的瞳仁突然放大了，翻着眼望他，鼻孔涨大了，嘘嘘地吐着气，它那么慢慢地，威严地站了起来，使禄兴很迅速地嗅着了空气中的危机。一种剧烈的恐怖的阴影突然落到他的心头。他一斜身躲过那两只向他冲来的巨角，很快地躺下去和身一滚，骨碌碌直滚下斜坡的田陇去。一面滚，他一面听见那涨大的牛鼻孔里咻咻的喘息声，觉得那一双狰狞的大眼睛越逼越近，越近越大——和车轮一样大，后来他觉得一阵刀刺似的剧痛，又咸又腥的血流进口腔里去——他失去了知觉，耳边似乎远远地听见牛的咻咻声和众人的喧嚷声。又是一个黄昏的时候，禄兴娘子披麻戴孝，送着一个两人抬的黑棺材出门。她再三把脸贴在冰凉的棺材板上，用她披散的乱发揉擦着半干的封漆。她那柔驯的颤抖的棕色大眼睛里塞满了眼泪……

　　虽然早期的张爱玲喜欢写作短篇小说，但就是凭借着篇幅短小的小说，她仍然成为《国光》杂志上最负有盛名的作者，力压了同学的长篇小说取胜，在教师休息室里也是人人夸赞的少年天才。

而当时张爱玲的性情却是冷冷的，甚至有些呆滞。

毕业的时候要填写一份调查表，"最恨"的一栏里张爱玲写下：最恨一个有天才的女子忽然结了婚。

这一填写是有缘由的，张爱玲在母亲家里的生活每况愈下，母亲甚至摆出了两道选择题："嫁人做少奶奶，还是读书做女学生。"

张爱玲当然选择了后者，那时候她还没有遇到过爱情。在学校的宿舍里，她穿着最寒酸的衣服、不合脚的鞋子，整个人没有一点青春靓丽的感觉。但她是很渴望变得精彩而美丽的，只是那个时候的她还太小，无能为力。

第三卷　倾尽韶华　天下夺魁

第三卷　倾尽韶华　天下夺魁

第一章　熠熠生辉天才梦

1940年，张爱玲的散文《我的天才梦》参加《西风》三周年纪念征文，获第13名荣誉奖，并获学校两项奖学金。

《西风》是20世纪30年代家喻户晓的一种综合性杂志，它以"译述西洋杂志精华，介绍欧美人生社会"作为口号，用"洋"来包装，表面新意，其实内里依旧是通俗易懂的，可这吸引了上海许多中上层社会人士争相征订。

《我的天才梦》一文到现在也未曾过时，甚至是一种经典之作：

我是一个古怪的女孩，从小被视为天才，除了发展我的天才外别无生存的目标。然而，当童年的狂想逐渐褪色的时候，我发现我除了天才的梦之外一无所有——所有的只是天才的怪僻缺点。世人原谅瓦格涅的疏狂，可是他们不会原谅她。

即使她三岁即会背诵唐诗，七岁写她的第一部小说，对于文字有极高的才华，但这个天才少女却被认为是一个"在现实的社会里等于是一个废物"的人。

她丧失了日常的交际能力，不会弹琴，不会女红，连见客人也害怕。

但在《我的天才梦》的结尾，却表达了她的想法：她并非是一个丧失日常自理能力的废物，是她所看所想的和别人有着太多的不同。

我懂得怎么看"七月巧云"，听苏格兰兵吹bagpipe，享受微风中的藤椅，吃盐水花生，欣赏雨夜的霓虹灯，从公共汽车上伸出手摘树巅的绿叶。在没有人与人交接的场合，我充满了生命的欢悦。可是我一天不能克服这种啮咬性的小烦恼，生命是一袭华美的袍，爬满了蚤子。

人们实在难以想象，这最后一句如此精彩又让人看了一颤的话语，出自一个十几岁的女孩子之手。要读懂多少生活和现实，才能写出这句如此让人惊愕拍案叫绝的话语。

1939年，张爱玲前往香港求学，并在那里待呆了三年。

她第一次踏上香港的陆地时，就感觉到这里是一个不同寻常的地方。

香港的气候是接近热带的，这里潮湿闷热，很多植物长在山脚上，长在新奇的地貌上。

这里也是一个完全开放的地方，到处是外国人建立的教堂，还经常下着淅淅沥沥的雨，他们喜欢喝茶，吃的早点都带有甜味。

她有许许多多的同学是从东南亚来的，有马来西亚人、印度人，也有英国人，以及很多混血儿。他们在这里带着各自不同的文化背景，像一个大熔炉一样交汇着。

在这里，张爱玲遇到了一生的挚友，炎樱。

这位叫炎樱的女孩，又名獏梦，即吃梦的小兽，这是张爱玲为她起的名字，可以算得上是爱称。

她姓摩希甸，父亲是阿拉伯裔锡兰人（今斯里兰卡），在上海开了一家摩希甸珠宝店。因为她的母亲是天津人，所以她是混血儿。

她还写过《炎樱语录》，将炎樱的一些妙语记录下来。

在张爱玲写作《小团圆》的时候，已经和炎樱疏于联系了，但在她笔下那个叫作"比比"的女孩子，处处带着炎樱的样子。张爱玲内向木讷，炎樱却活泼开朗，处处带着欢乐。

她带着张爱玲到处探险，在她的字典里，现实无比重要，她永远不可能像张爱玲一样丧失正常生活和交际的能力，她甚至觉得吃亏是最要不得的，一定要处处打点好生活。

虽然她们的性格有着千丝万缕的不同，但这不妨碍她们成为最好的朋友。

张爱玲的散文《气短情长及其他》里有她：

有一位小姐说："我是这样的脾气。我喜欢孤独的。"獏梦低声加了一句："孤独地同一个男人在一起。"獏梦说："许多女人用方格子绒毯改制大衣，毯子质地厚重，又做得宽大，方肩膀，直线条，整个就像一张床——简直是请人躺在上面！"

　　张爱玲和炎樱有共同的设计衣服的爱好，因此张爱玲穿的衣服非常时髦。

　　在《双声》里，她和张爱玲从俄罗斯与日本的民族文化，谈到死去时要穿什么样的礼服，两个人非常有心心相印的灵感和默契。

　　于是张爱玲的《传奇》再版时，炎樱给她画封面：

　　像在绸缎上盘了深色云头，又像黑压压涌起了一个潮头，轻轻落下许多嘈切嘁嚓的浪花，细看却是小的玉连环。有的三三两两勾搭住了，解不开；有的单独像月亮，自归自圆了；有的两个在一起，只淡淡地挨着一点，却已经事过境迁——用来代表书中人物相互间的关系，也没有什么不可以。

　　张爱玲知道炎樱是了解自己的，不管是来自一种默契还是来自许久的相伴，像是晚上清凉的风一样，打开了张爱玲孤单依旧的心扉。

香港对于张爱玲而言是一个特别的地方，正是因为张爱玲的同学来自各个文化背景的地方，所以给香港这个地方添上了很多传奇和神秘的特色。

它有太多的西洋色彩，又有太多的异域风情，这给张爱玲创造其他小说奠定了基础。

但香港却是不太平的。

1942年12月，日本珍珠港事变后进攻香港。

三年前，张爱玲希望前往英国读书，三年后，当她再次打算去英国深造的时候，却又一次被战争影响。

开战的消息让大家人心惶惶，但张爱玲并不恐惧。

她似乎觉得战争和自己没有太大的关系，一直以一种平和的角度去看待。但是即使态度再平和，她也看到了灰暗天空下的荒凉与毁灭。

日军的轰炸机轰炸的英军堡垒，有一座就在香港大学附近。

张爱玲不像其他同学一样有地方可去，她躲在宿舍下面的幽闭的空间里，倒数着不知道什么时候才能停止的枪声，有学生的哭声和抽泣在她旁边响起来，她也觉得害怕而闭紧呼吸，但是她也知道，没有人来拯救她。

后来弹尽粮绝，张爱玲曾经两天没有吃饭，在学校里和其他人一起守城。她见到了那些战士的尸体，对于人性的认识就在这些黑暗里彻底地崩塌了。

有的人会成为一个温暖的作者，那么他必然先有一个温暖的生活体验，但如同波德莱尔写作的《恶之花》一样，当这些尸体遍地，灾难就摆在面前，生命显得那么脆弱，感情也是如此冷漠，张爱玲对于人生产生了深刻的怀疑。

后来香港沦陷了，她去了大学堂的临时医院当看护。

原本这些地方是香港大学的校舍，现在铺满了病床，到处都是病人。

他们身负重伤，伤口流脓流血，整个空气里弥漫着酒精药水和溃烂的气息，张爱玲感觉到了恐惧。

张爱玲：我一直在这里，等风，也等你

她热爱的生命竟然有一刻要变成这样，如此丑陋，如此狰狞，倒在这样肮脏的地方。

战争的恐惧，生命的冰冷，让这一个女孩子瞬间长大了。

她与之前的木讷相比，变得更加敏感和恐惧。

张爱玲在散文《烬余录》里这么说过：

这人死的那天我们大家都欢欣鼓舞。是天快亮的时候，我们将他的后事交给有经验的职业看护，自己缩到厨房里去。我的同伴用椰子油烘了一炉小面包，味道颇像中国酒酿饼。鸡在叫，又是一个冻白的早晨。我们这些自私的人若无其事地活下去了。

张爱玲的内心此刻应该是感到慌张的，她知道失去的是一条鲜活的生命，但这条生命逝去了，她们自己似乎得到了解脱，这是让人有些愧疚又有些叹息的感情。

张爱玲不加掩饰地写了出来，在《十八春》里，张爱玲写顾曼璐作为舞女就要病死的时候，一向善良的顾曼桢看到病床上的姐姐竟然在想，如果顾曼璐死了的话，她的情况会不会好一些，她觉得如此难过，不敢再往下想，但一想到顾曼璐舞女的身份给她和沈世钧的爱情造成的磨难，她觉得这样想似乎是无可厚非了。

张爱玲是一个坦诚的作家，当时没有任何一个作家像她一样推心置腹地表达出来。她因为冷漠的感情被人诟病过，也因为"苍凉的手势"和毫无虚假地看透了人生而受到追捧。

时代的车轰轰地往前开。

我们坐在车上，经过的也许不过是几条熟悉的街衢，可是在漫天的火光中也自惊心动魄。

就可惜我们只顾忙着在一瞥即逝的橱窗里找寻我们自己的影子——我们只看见自己的脸，苍白、渺小；我们的自私与空虚、我们恬不知耻的愚蠢——谁都像我们一样，然而我们每一个人都是孤独的。

这种孤独对于张爱玲而言是一段生死缠绻，是一种被冰冷浸泡的日子里，无数次梦寐以求的温暖。

她是如此浅淡的女子，有着如此让人心疼的泪滴。

第二章　她从星辰大海来

张爱玲从小写作，称自己是"九岁就向编辑先生进攻"。

她七岁的时候写的第一篇没有命题的小说，就是模仿鸳鸯蝴蝶派的小说，但因为有一些具体的细节她实在不知道如何去描写，只能作罢。

八岁的时候，不甘心的张爱玲再次尝试，写作了一篇《理想中的理想村》。

也许是那个时候，实在是和父母相处的生活中，有太多让张爱玲感觉到难过的地方，张爱玲笔下这个叫"晓晓"的女孩，开始用自己的简单的想象去写作，这个理想中的生活应该是怎样的。

第三卷　倾尽韶华　天下夺魁

在小山的顶上有一所精致的跳舞厅。晚饭后，乳白色的淡烟渐渐地褪了，露出明朗的南国的蓝天。你可以听见悠扬的音乐，像一幅桃色的网从山顶上撒下来笼罩着全山……这里有的是活跃的青春，有的是热的火红的心，没有颓废的小老人，只有健壮的老少年。银白的月踽踽地在空空洞洞的天上徘徊，她仿佛在垂泪，她恨自己的孤独……还有那个游泳池，永远像一个慈善的老婆婆，满脸皱纹地笑着，当她看见许多活泼的孩子像小美人鱼似的扑通扑通跳下水去的时候，好快乐地暴出极大的银色水花……

沿路上都是微笑的野蔷薇，风来了，它们扭一扭腰，送一个明媚的眼波，仿佛是在时装展览会里表演时装似的。清泉潺潺地从石缝里流，流，流，一直流到山下，聚成一片蓝光潋滟的池塘，在熏风吹醉了人间的时候，你可以耽在小船上，不用划，让它轻轻地，仿佛是怕惊醒了酣睡的池波，飘着飘着，在浓绿的垂杨下飘着……这是多么富于诗意的情景哟！

张爱玲：我一直在这里，等风，也等你

在张爱玲的心里，她理想中的生活是白云飘在晴朗的天空上，漂亮的余光笼罩着全山。

蔷薇花已经在山野里飘荡着，在风里招摇开来。

这是张爱玲内心深处的风景，美丽得像是那清澈的泉水滴落下来的。

她想要的生活是诗意的，是时装表演似的。

这样美妙的文字出自一个天真的八岁女孩的手中，我们也就不难理解十几岁的张爱玲该是如何地妙笔生花。为什么汪先生第一次看到她的习作就大呼震惊，称她的文笔只有沈从文能够相提并论，而二十几岁张爱玲就名满上海，成为最耀眼的文学新星。

1942年夏，张爱玲与炎樱返回上海，与姑姑居住在爱丁顿公寓6楼65室，开始了写作生涯，就像《传奇》这个名字一样，她的传奇就此开始。

张爱玲在《泰晤士报》上写影评和剧评，在英文《二十世纪》月刊发表《中国人的生活与服装》《人的宗教》《洋

人看戏及其他》等散文和其他五六篇影评，当然，这些只是前奏。

当时《二十世纪》是一本德国主编的刊物，因为主编曾经做过战事记者的工作，所以这份刊物也就成了兼收并蓄的综合性杂志。

当时张爱玲写的《中国人的生活和服装》是一篇长文，长达一万多字，仔仔细细地有12幅作者本人所画的服饰和发饰的插画。在这篇文章里，张爱玲出色的英文功底和流畅的行文让主编大为赞叹。

张爱玲是一个非常时髦的人，她十几岁的时候，第一笔稿费用来买了一支口红。所以张爱玲也十分喜欢设计新奇漂亮的衣服，她写的《更衣记》里对于国人的穿着和文化做了很详细的概括，而这篇文章正是《更衣记》的底本。

张爱玲还有一篇颇为大气的文章，叫《中国人的宗教》。

中国是一个特别的国度，西方世界是被宗教神权影响了上千年的，但中国却并不像其他国家一样有着明显的宗教信仰，他们似乎对于外在的事物什么都能吸收，什么都能接受。

就如同鲁迅《拿来主义》说的一样，他们缺少很理智的辨别能力，而张爱玲及时发现了这一点：

就因为对一切都怀疑，中国文学里弥漫着大的悲哀。只有在物质的细节上，它得到欢悦——因此《金瓶梅》《红楼梦》仔仔细细开出整桌的菜单，毫无倦意，不为什么，就因为喜欢——细节往往是和美畅快、引人入胜的，而主题永远悲观。一切对于人生的笼统观察都指向虚无。世界各国的人都有类似的感觉，中国人与众不同的地方是：这"虚空的空虚，一切都是虚空"的感觉总像个新发现，并且就停留在这阶段。

一个个中国人看见花落水流，于是迎风洒泪，对月长吁，感到生命之暂，但是他们就到这里为止，不往前想了。受过教育的中国人认为人一年年地活下去，并不走到哪里去；人类一代一代下去，也并不走到哪里去。不管有没有意义，反正是活着。我们怎样处置自己，并没多大关系，但是活得好一点是快乐的，所以为了自己的享受，还是守规矩的好……不论在艺术里还是人生里，最难得的就是知道什么时候应当歇手。中国人最引以为傲的就是这种约束的美。

这里提出了她的观点：中国人以虚无为一种信仰，以意和气等感觉性的东西去主宰着生活。

此时的张爱玲是迷茫的，她不知道要如何看到国家和民族的出路。

张爱玲越写名气越大，受到越来越多人的欣赏。1943年，她结识了当时月刊《紫罗兰》的主编、作家周瘦鹃。周瘦鹃曾经主编的《礼拜六》《紫罗兰》是鸳鸯蝴蝶派的主要刊物，鸳鸯蝴蝶派在现代文学史上评价不高，主要写才子佳人成双成对，以言情小说为主，内容存在迎合读者流俗的弊端。但在当时是畅销作品，周瘦鹃也是当时上海著名的作家。

张爱玲作为一个新人去拜访周瘦鹃，当时她已经写完了

张爱玲：我一直在这里，等风，也等你

《沉香屑第一炉香》和《沉香屑第二炉香》。当周瘦鹃看到这两部小说的时候，看了一眼题目就觉得被吸引，觉得既有新文学的灵气，也有古典文学的典雅古朴。

等到张爱玲回去后，他打开小说慢慢品读，没想到一看下去，一整夜无眠。

那个时候，中国的现代文学新文学刚刚起步不久，作为鸳鸯蝴蝶派的代表，他们受到新文学领域的攻击，但不管是新文学领域还是通俗文学领域，文字上的火候都有些缺乏，偏偏这个年轻的女孩子，她有极深刻的文笔和力道，这颗注定耀眼的文学新星将被缓缓托举起来。

周瘦鹃多么惊喜，他知道，张爱玲一定能够成为一个了不起的女作家。

5月，张爱玲在该刊物上发表小说《沉香屑第一炉香》，这部小说使张爱玲在上海文坛一举成名。

30年代的时候，张恨水的言情作品非常畅销，张爱玲也受到了鸳鸯蝴蝶派的影响，但是《沉香屑第一炉香》却给人耳目一新的感受，因此这部作品并没有收录到鸳鸯蝴蝶派的作品中。它属于张爱玲作品中的"香港传奇"。

普遍都认为她的"香港传奇"比"上海传奇"写得更加好，更加动人，这也许是因为在香港求学的过程中，这个已经长大了的女孩子有了更多的自由和体验，炎樱的陪伴也让她感受到了来自朋友的久违的温暖，她不再像从前一样只是孤单一个人，没有朋友，没有能理解她的人，而上海却长成了她无助岁月里让她神伤的伤口，她总是会记得月亮洒在她身上，很远很远。

在6月之后，张爱玲发表了续作《沉香屑第二炉香》，延续了第一部的传奇和清丽的笔调，并大受好评。

虽然这本书不如《沉香屑第一炉香》造成的声势大，但是在文艺圈子里却备受瞩目。

7月，张爱玲认识了评论家柯灵。

柯灵当时任职《万象》的主编，他接手后的《万象》杂志一改曾经鸳鸯蝴蝶派的风貌，成为新文学领域的阵地。

张爱玲：我一直在这里，等风，也等你

当他在《紫罗兰》杂志上看到张爱玲的《沉香屑第一炉香》的时候，内心无比地激动。这是个多么富有才华的作家，他开始关注张爱玲，希望张爱玲能够成为自己《万象》杂志的作者。

此后张爱玲在《杂志》《万象》《古今》等刊物发表《茉莉香片》《到底是上海人》《心经》《倾城之恋》等一系列小说、散文。

张爱玲对上海这座城市颇为眷恋和喜爱，她见证了上海的变迁，她在这里长大，也在这里成熟。

张爱玲说：

上海人是传统的中国人加上近代高压生活的磨炼。新旧文化种种畸形产物的交流，结果也许是不甚健康的，但是这里有一种奇异的智慧。谁都说上海人坏，可是坏得有分寸。上海人会奉承，会趋炎附势，会混水里摸鱼，然而，因为他们有处世艺术，他们演得不过火。关于"坏"，别的我不知道，只知道一切的小说都离不了坏人。好人爱听坏人的故事，坏人可不爱听好人的故事。

第三卷　倾尽韶华　天下夺魁

因此我写的故事里没有一个主角是个"完人"。只有一个女孩子可以说是合乎理想的，善良、慈悲、正大，但是，如果她不是长得美的话，只怕她有三分讨人厌。美虽美，也许读者们还是要向她说道："回到童话里去！"在《白雪公主》与《玻璃鞋》里，她有她的地盘。上海人不那么幼稚。我为上海人写了一本香港传奇，包括《沉香屑一炉香》《沉香屑二炉香》《茉莉香片》《心经》《玻璃瓦》《封锁》《倾城之恋》八篇。写它的时候，无时无刻不想到上海人，因为我是试着用上海人的观点来察看香港的。只有上海人能够懂得我的文不达意的地方。我喜欢上海人，我希望上海人喜欢我的书。

1944年1月，张爱玲在《万象》刊登长篇小说《连环套》，共登六期，7月自动腰斩。

2月，在《天地》刊出散文《烬余录》，后发表《花凋》《谈女人》《红玫瑰与白玫瑰》等一系列小说和散文。5月，傅雷以讯雨为笔名发表评论性文章《论张爱玲的小说》，对张爱玲的《金锁记》大加赞扬，此时的张爱玲才华之名越来越盛。

《金锁记》在文学史上为张爱玲赢得了独特的地位。《金锁记》用《红楼梦》一般精致而富有可以反复咀嚼的意味的语言，塑造了一个独特的人物形象——曹七巧。

这是个原本年轻充满活力的姑娘，终于熬成了变态一般的当家主母，肆意玩弄打压着别人的人生。

风从窗子里进来，对面挂着的回文雕漆长镜被吹得摇摇晃晃，磕托磕托敲着墙。七巧双手按住了镜子。镜子里反映着的翠竹帘子和一副金绿山水屏条依旧在风中来回荡漾着，望久了，便有一种晕船的感觉。再定睛看时，翠竹帘子已经褪了色，金绿山水换了一张她丈夫的遗像，镜子里的人也老了十年。

在这无数个十年里，曹七巧除了未曾改变的名字以外，她的心态、她的梦想和热爱全都被绞死在了午夜梦回里，人性的体现令这个复杂的人物充斥的满是现代感，满是隐秘的精彩和令人叹惋的愁思。

　　和《金锁记》一样，《心经》也是张爱玲个人风格浓郁的作品。

　　她是张爱玲继"沉香屑"系列之后，受到柯灵邀请为《万象》杂志写的第一部作品。《金锁记》中的曹七巧，自己苦熬了30年才成为了当家主母，她把被欲望压抑、被情爱折磨的病态心理全都报复到了这个家庭的身上。

　　她为了霸占儿子的爱，破坏掉了儿子幸福的婚姻，又想方设法将儿媳折磨致死，又在女儿得到幸福后忌妒心泛滥，宣称自己的女儿抽大烟，破坏自己女儿的声誉，最终使得女儿失去了幸福。

　　张爱玲用极度细腻的手法剖析着她变态的心理，剖析着这个时代对于人性的压抑，欲望留下了病态的灵魂，使人久久不能安息。

　　夏志清说："《金锁记》是中国自古以来最伟大的中篇小说。"

　　张爱玲凭借这部作品，才配得上伟大之名，也称得上是一个才华卓绝的作家。

而《心经》正是和《金锁记》相对的作品，讲述了一个叫许小寒的女孩对于自己的父亲许峰仪的爱恋。

女孩子不喜欢和自己同龄的男孩，对他们嗤之以鼻，觉得他们幼稚不成熟。偏偏喜欢比自己大上不少岁的男人，喜欢成熟得可以让人依靠的感觉。

当初在古希腊的神话当中，著名的悲剧《俄狄浦斯王》就演绎出了一种令世人震惊的"俄狄浦斯情结"——每一个男孩都有杀父娶母的情结。俄狄浦斯想要逃脱这样的命运，最终却无法逃离。有恋母情结，那么相对的会不会有恋父情结？

后来心理学家弗洛伊德肯定了恋父情结的存在，并将恋父情结称为弗洛伊德情结。

《心经》就是典型的反映弗洛伊德情结的作品。

其实早在之前，20世纪30年代上海新文学的文坛里就诞生了一个名叫"新感觉派"的文学流派。作家穆时英被誉为

第三卷　倾尽韶华　天下夺魁

"新感觉派"的圣手、"海派文学"的大师。

"新感觉派"受到了弗洛伊德精神分析法的影响，侧重于写都市生活、两性关系和新奇的心理感受。张爱玲的作品和他们并没有直接的关联，但是张爱玲的作品将这些情结和心理描写得更加登峰造极，"海派文学"在"孤岛时期"，在张爱玲一个人的手里，几乎就趋近于伟大。

当时上海属于沦陷区，就像是一座孤岛一样，因此那里的新文学也被称为"孤岛文学"。上海名噪一时的一本刊物叫作《杂志》，有着很复杂的政治背景，这本刊物的主办方看到张爱玲的作品后，当即决定一定要将张爱玲捧到上流社会一线名家的行列。

在上海能够有这样实力的刊物少之又少，张爱玲欣然接受，很快他们给张爱玲出版了小说集《传奇》，并且邀请了全国各地的评论家相继评论该作品，一时之间该作品声名远播，评论铺天盖地。

以前我一直这样想着：等我的书出版了，我要走到每一个报摊上去看看，我要用我最喜欢的蓝绿的封面给报摊子上开一扇夜蓝的小窗户，人们可以在窗口看月亮，看热闹。我要问报贩，装出不相干的样子："销量还好吧？——太贵了，这么贵，真还有人买吗？"

呵，出名要趁早呀！来得太晚的话，快乐也不那么痛快。最初在校刊上登两篇文章，也是发疯似的高兴着，自己读了一遍又一遍，每一次都像是头一次见到。现在已经没那么容易兴奋了。所以更加要催：快，快，迟了来不及了，来不及了！

张爱玲似乎天生就能够写作，也似乎天生就要成为作家。

她刚刚回到上海来的时候，也想过要寻找什么样的工作，做什么职位，但是最终发现都不适合她。她很快就度过了迷茫期，成为一个优秀的、名满上海的女作家。

所有人都为她的才华倾倒，每个人都知道这样一个文坛新秀。

更令人震惊的是，当时的著名评论家傅雷从法国留学归来，有着极高的学识，读了张爱玲的《金锁记》之后大为震惊，认定她似乎是新文学当中的一个另类。

他认为《金锁记》的造诣相当高，应该称得上是"张女士截至目前的完满之作"。这部作品对于人物的塑造，对于情节的驾驭，深邃的心理描写等都填补了新文学史上一个又一个空白。对于张爱玲的其他作品，傅雷并没有这样大为嘉奖，唯有对于《金锁记》则认为是完满的作品。

那个时候人们都是塑造英雄人物的，偏偏"曹七巧"是一个平凡的人物，而且还是一个真实的、并不圆满的人物。显得这样独特而传神，这个人物真实地存活在她的笔端，让每个人都看到了有些《红楼梦》一样的风格和意味。

傅雷曾经这样评价张爱玲的《传奇》：

遗老遗少和小资产阶级，全部为男女问题这噩梦所苦，噩梦中是淫雨连绵的秋天，潮腻腻、灰暗、肮脏、窒息与腐烂的气味，像是病人临终的房间。

烦恼、焦急、挣扎，全无结果，噩梦没有边际，也就无从逃脱。

零星的折磨，生死的苦难，在此只是无名的浪费。

青春、幻想、热情、希望，都没有生存的地方。

川嫦的卧房、姚先生的家、封锁期间的电车车厢，扩大起来便是整个的社会，一切之上还有一只瞧不及的巨手张开着，不知从哪儿重重地压下来，要压瘪每个人的心房。

这样一幅图案印在劣质的报纸上，纸条和对照模糊一点，就该和张女士的短篇差不多。

傅雷先生正是用典雅而恰到好处的笔触，描绘出了张爱玲笔下的全新世界和这种世界带给读者的直观感受。

第三章　传奇

《传奇》出版之后，人们纷纷等待着张爱玲的新作。1月份的时候，张爱玲的散文集《流言》出版了。而与此同时，她的《倾城之恋》改编的話剧在上海新光大戏院上映，满城轰动，场场爆满。

《倾城之恋》是张爱玲最广为人知的代表作，她写了白流苏和范柳原的爱情故事，是一个动听而近人情的故事。她喜欢用参差的对照的写法，因为它是较接近事实的。

张爱玲总喜欢写独特的人，白流苏也不例外，她一家有二十来口人，悠悠众口你一言我一语地说着家长里短，没有隐私也没有空间可言。她后来和爱赌博的丈夫离了婚，大家都觉得女性应该隐忍，她偏不，因此在娘家也受尽了欺凌，甚至还被讥讽：

你们做金子，做股票，不能用六姑奶奶的钱哪，没得沾上晦气！她一嫁到了婆家，丈夫就便成了败家子。回到娘家来，眼见得娘家就要败光了——天生的扫帚星！

但是白流苏却偏偏遇到了范柳原，范柳原出生的家庭并不和谐，他也是一个情场浪子，到处留情，声名远播。身边的环肥燕瘦纷纷体验过一番之后，他终于沉沦在了这个温软女子的独特气质里，她不明艳，却让他感觉到了归宿。

爱情从来都不是一定要求对等，要求互补，他们各自如此不同又有契合的一面，在这飘摇的时代里。

一个不染俗气，一个看遍红尘，他们棋逢对手，将遇良才，注定要较量上百回千回，才感叹相见恨晚。

但是张爱玲依然让《倾城之恋》里从腐旧的家庭里走出来的流苏获得新生，让香港之战使他们的感情更加浓厚深刻，她的眼睛里看到的是以小见大的故事。

香港之战影响了范柳原，使他转向平实的生活，终于同白流苏结了婚。结婚之后的范柳原也许依旧带着旧日的生活习惯，我们不得而知，但《倾城之恋》使张爱玲才名远播、锦华光彩。

和张爱玲处于同一时期的上海，有一位同样著名的女作家苏青，和张爱玲交好。

这位苏青原名叫作冯和仪，后来起了苏青作为笔名，在1940年后上海沦陷区时期内，是和张爱玲齐名的女作家。

苏青出身于一个书香门第世家，她在上海的成名和张爱玲不同，很大一部分原因是她行为的新奇和反抗的大胆。

她曾经考入民国第一学府——国立中央大学，就是现在的南京大学，但是在一年之后就因为包办婚姻而退学，生下了女儿之后，没有了爱情的婚姻让她丝毫感觉不到快乐。

她将《产女》作为经历写成了文章，大胆表达出内心的情感，后来发表到林语堂主编的《论语》杂志上。

这篇文章一出，令人们大为惊奇，有的人也为苏青的胆识而佩服。

1942年，正是张爱玲从香港回到上海的那一年。

张爱玲：我一直在这里，等风，也等你

　　苏青的包办婚姻彻底破裂，她在当时著名的男士文学刊物《古今》上发表了《论离婚》这一文章。《古今》杂志是散文杂志，能发表文章的作者都是当时著名的男性作者，以文风健朗著称，唯一能够榜上有名的女作者，一个是张爱玲，另一个就是苏青。

　　当时张爱玲已成名，《传奇》和《流言》一度再版。

　　张爱玲曾经记录下自己的书再版时候的感受：

　　……在印刷所那灰色的大房间里，立在凸凹不平搭着小木桥的水泥地上，听见印刷工人道："哪！都在印着你的书，替你赶着呢。"我笑起来了，说："是的吗？真开心！"突然觉得他们都是自家人，我凭空给他们添出许多麻烦来，也是该当的事。电没有了，要用脚踏，一个职员说："印这样一张图你知道要踏多少踏？"我说："多少？"他说："十二次。"其实就是几百次我也不以为奇，但还是说："真的？"叹咤了一回。

　　这可见张爱玲的图书多次再版，风光一时无两。

　　但是没有想到，竟然能有一个人打破张爱玲的再版纪录，这就是苏青。

1943年，苏青将自己的《结婚十年》放在《风雨谈》上连载，受到上海人民空前的欢迎和热议。后来，《结婚十年》共再版36次，刷新了当时张爱玲的畅销纪录。

苏青人非常漂亮，也十分坦荡直率，张爱玲非常佩服苏青，称苏青为"苏青姐"，而且还称"唯一能够和自己相提并论的就是苏青"。可想而知，她将苏青放到了极高的位置上。

张爱玲在《谈苏青》一文里谈道：

所有的女人都是同行。可是我想这里有点特殊情形。即使从纯粹自私的观点看来，我也愿意有苏青这么一个人存在，愿意她多写，愿意有许多人知道她的好处，因为，低估了苏青的文章的价值，就是低估了现在的文化水准。如果必须把女作者特别分作一栏来评论的话，那么，把我同冰心、白薇她们来比较，我实在不能引以为荣，只有和苏青相提并论是我甘心情愿的。

张爱玲：我一直在这里，等风，也等你

《结婚十年》出版后，上海市的市长陈公博邀请苏青来做政府专员，但苏青不适应政府工作的生活因此辞职，拿着一部分钱自己创办了当时非常著名的《天地》杂志。

后来，苏青彻底离了婚，独自带着两个女儿生活。

在张爱玲的眼里，看到苏青的婚姻很容易联想起自己的母亲。她曾经评价苏青的婚姻：

其实她丈夫并不坏，不过就是个少爷，如果能够一辈子在家里做少爷少奶奶，他们的关系是可以维持下去的。苏青本性忠厚，她愿意有所依附，只要有千年不散的宴席，叫她像《红楼梦》里的孙媳妇那么辛苦地在旁边照应着招呼人家吃菜，她也可以忙得兴兴头头。

但是苏青偏偏不能，她无法忍受丈夫的花心不专一，选择独立地结束这段婚姻。

于是出于惺惺相惜，张爱玲开始给苏青写稿，两个人也成为了好朋友。

第四章　因为懂得，所以慈悲

胡兰成与张爱玲的情感纠葛，已不知被多少人写在文学作品里，被多少银幕演绎过。

胡兰成出生于1906年，浙江人。小的时候家里生活贫苦，从燕京大学退学，当了五年教员。但是他又不满足于简单地过平凡的生活，一直想要参与政治。

1936年，发生了李宗仁、白崇禧等"桂系"军阀反对蒋介石的"两广事变"，胡兰成在广西教书，在《柳州日报》等报纸上发表文章，摇笔鼓舌，鼓吹两广与中央分裂，理所当然地受到了军法审判。胡兰成被监禁了33天，后白崇禧送了他500元，算是礼送出境。

可他的政论暗藏玄机，引起了暗中窥觑者的注意，汪精

张爱玲：我一直在这里，等风，也等你

卫系的《中华日报》开始约他撰稿。文章发表后，马上得到日本帝国主义刊物的青睐，当即翻译转载。

抗战爆发，上海沦陷，胡被调到香港的《南华日报》当编辑。

他写了一篇卖国社论《战难，和亦不易》，受汪精卫之妻陈璧君赏识，立刻提升为《中华日报》总主笔。从此，他开始替汪精卫的亲日伪政权服务。

1940年，汪伪政府成立，胡兰成任汪伪宣传部常务副部长、法制局长、《大楚报》主笔，实际上也就成为了汪伪政府卖国的粉饰者，是汪精卫的御笔文人。

胡兰成在短短的两年时间内，靠着文章从一介布衣到了首屈一指的政要位置上。他读了太多的书，脑子里还是旧文人的思想，总想凭借着自己的政论参与政治，结果得罪了汪精卫而入狱，而苏青听说胡兰成入狱后，携张爱玲到周佛海处为胡兰成求情。年底的时候在日本人的干预下，胡兰成得以出狱。

第三卷　倾尽韶华　天下夺魁

那个时候，胡住在上海，收到邮寄的《天地》杂志非常方便。他刚刚开释出狱，时间空闲，于是便拿起杂志翻看。

在那一期苏青寄来的杂志《天地》中，张爱玲的小说《封锁》他是躺在躺椅上看的，看了几段就忍不住坐了起来，认认真真地读上了几遍，大为惊叹，十分喜欢。

他去信问苏青，张爱玲到底是何人。

苏青的回信里却只有两个字：*女子*。

后来，《天地》第二期寄到了，上面有张爱玲的照片，胡兰成见了又是大为惊艳，如此年轻却又如此有才华。

胡兰成曾任伪文化部长，在为人上有不可抹去的污点，但在才学上却有深厚的功底。

胡兰成到上海去见苏青，专门要了张爱玲的地址，可是苏青却说张爱玲是不见人的。

胡兰成感到一阵失望，但是仍然没有放弃，他一再请求苏青写下张爱玲的地址，苏青犹豫了半天才缓缓写下，胡兰成便拿着写着"安寺路赫德路口一九二号公寓六楼六五室"

的纸条去见张爱玲。

开始张爱玲是不见的，虽然有救人之事在先，但是张爱玲与胡兰成并不是旧识。而且胡兰成的来访突然，张爱玲不想贸然接见。第二天，张爱玲思虑了半天，想到把人拒之门外也是有一些冷酷无情的，因此才给胡兰成打了电话，两个人约好见面。

张爱玲去见胡兰成之前，胡兰成是见过照片的。

他早早地在大西路美丽园的会客厅等待着张爱玲的到来。

张爱玲来了，很高且清瘦，丝毫不像是一个女作家。这和胡兰成预想的不一样，他的脑子里还留存着一些才子佳人的片段。

她规规矩矩地坐到了一旁，穿着一身短旗袍有点像奇装异服，安安静静的，看起来比十七八岁的女学生还要胆小。

胡兰成一直很瘦，给人一种俊朗干净的感觉。

张爱玲曾经形容他的侧脸："睫毛像米色的蛾翅，歇落在瘦瘦的面颊上，在她看来是一种温柔怜惜的神气。"

第三卷　倾尽韶华　天下夺魁

　　张爱玲的交友圈子一直很狭窄，出席一些重要的场合也是由其他人陪同，从未有过私自会客的经验。

　　见到胡兰成的她只知道安静地坐着，不知道谈些什么，胡兰成议论时下流行的作品，张爱玲就能谈到自己的一些见解；又谈她的文章好在何处，张爱玲听了会心一笑；又讲他在南京、在伪政府的种种，张爱玲听了睁大了眼睛，怯怯地不作声；还问她每月稿费收入之类的具体问题。

　　张爱玲善于写作，有无限的好词佳句，可是她不善于表达，不善于交际，遇到很多话题都是简简单单带不上情绪的几句话。

　　胡兰成却深深地为之而心动了，他见过太多的女孩子，却没见过张爱玲这样的，拥有这样的才华又是一个不骄不躁的人，还保留着这样简单的纯真，实在让胡兰成惊讶。

　　胡兰成评价张爱玲：

　　我只觉世上但凡有一句话，一件事，是关于张爱玲的，便皆成为好。

张爱玲: 我一直在这里, 等风, 也等你

张爱玲也曾说:

我一直想着, 男子的年龄应当大十岁或是十岁以上, 我总觉得女人应当天真一点, 男人应当有经验一点。

张爱玲是不抗拒胡兰成的, 他稳重而热忱, 充满人生的经验。

张爱玲后来满心以为, 他会是让自己的生命更精彩的人。

会面结束的时候, 张爱玲站起来, 和胡兰成并肩而行。

胡兰成打趣道: "你的身材这么高, 这怎么可以?"

这似乎是证明了胡兰成一点点心意的句子, 似乎是害怕自己和张爱玲站在一起有些不与之相配, 张爱玲听到这句话是局促的, 什么也没有说, 甚至有一些胆怯。

这段会面时间长达五个小时, 漫长得就像是一个世纪一样。

在这个世纪里, 电影胶片一样的一幕一幕回转着他对她的笑意, 他抬手喝茶的姿势。

第三卷　倾尽韶华　天下夺魁

许多年后，张爱玲依旧忘不了这一年的这一天，她曾以为生命的万紫千红就会到来了，也曾以为漫天彩霞终于会为她而开放。

那些之后的纠缠也好和痛苦也好，当命运的魔咒还没有上演的时候，她最幸福的那个瞬间，就这样定格了。

那年胡兰成38岁，正是成熟稳重又有人生经验的时候，也许就是命中注定吧，他和张爱玲的相遇注定是不平凡的。

第二天又见张爱玲的时候，是他去拜会她。

这一次张爱玲是在自己的房里迎他，穿了宝蓝绸的袄裤，戴着嫩黄边框的眼镜。

这次胡兰成见到张爱玲时，比第一次更为惊艳，胡兰成知道张爱玲穿的衣服非常有个性和特色，但是到了张爱玲的屋子里的时候，胡兰成更是大为惊叹："一种现代的新鲜明亮断乎是带刺激性。"

他进了张爱玲的房子，说张爱玲的房子里有兵气，胡兰成说：

张爱玲：我一直在这里，等风，也等你

陈设与家具原简单，亦不见得很值钱，但竟是无价的，一种现代的新鲜明亮断乎是带刺激性。阳台外是全上海在天际云影日色里，底下电车铛铛地来去。张爱玲今天穿宝蓝绸袄裤，戴了嫩黄边框的眼镜，越显得脸儿像月亮。三国时东吴最繁华，刘备到孙夫人房里竟然胆怯，张爱玲房里亦像这样的有兵气。

在张爱玲的心里，胡兰成有不一样的独特。

他谈吐优雅、学识渊博，胡兰成回忆他们的聊天还记得：

我在她房里亦一坐坐得很久，只管讲理论，一时又讲我的生平，而张爱玲亦只管会听。男欢女悦，一种似舞，一种似斗，而中国旧式床栏上雕刻的男女偶舞，那蛮横泼辣，亦有如薛仁贵与代战公主在两军阵前相遇，舞亦似斗。民歌里又有男女相难，说书又爱听苏小妹三难新郎，王安石与苏东坡是政敌，民间却把来说成王安石相公就黄州菊花及峡中茶水这两件博识上折服了苏学士，两人的交情倒是非常活泼，比政敌好得多了。我向来与人也不比，也不斗，如今却见了

138

张爱玲要比斗起来。但我使尽武器，还不及她的只是素手。

　　他们聊了很多，不难发现有同样的令对方惊艳的目光和见识。

　　胡兰成到底是旧文人，身上一直是爱着才子佳人的佳话的。

　　听说《孽海花》里曾经写到李菊藕"巨眼识人"，在张佩纶落难时作诗鼓励他。后成了张佩纶的续弦妻子，便问张爱玲是不是有这么一回事。

　　张爱玲倒是不那么以自己的家世为骄傲。

　　她抄写下当时传说李菊藕所作的诗歌，这首诗歌叫《基隆》：

　　基隆南望泪潸潸，闻道元戎匹马还。一战岂容轻大计，四边从此失天关。焚车我自宽房琯，乘障伊谁任狄山。宵旰甘泉犹望捷，群公何以慰龙颜？

　　张爱玲指正出，很多地方应该是外曾祖父李鸿章自己的修改。

张爱玲：我一直在这里，等风，也等你

据说胡兰成在与张爱玲结婚后，很喜欢谈起张爱玲的家世。

他将自己能够与相府千金的后人成就一段佳话引以为传奇，胡兰成后来到南京的时候还专门去了张家的老宅，那是李鸿章送给李菊藕的结婚礼物，张佩纶和李菊藕就是在南京结的婚。

胡兰成给张爱玲写了一封信，文字优美，感情发自肺腑。

张爱玲自己本是作家，若是一般人的诗和信她是看也不会看一眼的，偏偏胡兰成已经有着极深的文学功底，写作了多年的政论，字里行间都透露出了一种爱慕和虔诚。张爱玲看后欣喜不已，在回信当中写道，"因为懂得，所以慈悲。"

"因为懂得，所以慈悲。"这是多么至高无上的评价。

人们对于张爱玲的印象一直是高绝清冷，她何曾对任何人说过"懂得"二字？要让她吐出这两字，那必然是互相能够深刻地理解对方的情感和思想，甚至是引以为知己之交了。

　　在这之后的每天，胡兰成都会去拜访张爱玲。

　　在同一时间同一地点，张爱玲的等待就像是花开一样，越来越让她心驰神往。

　　他们坐在张爱玲小小的会客厅里，有的时候张爱玲从楼上能看到胡兰成的车缓缓地开过来。她就跑过去满怀欣喜地开门，连脚步都欣喜得轻飘飘的。

　　他们的话题从天南地北聊到古今中外，可以说是对很多不同故事、千奇百怪的看法都能够得到共鸣。这怎么不让人生出欣喜？

　　可是时间久了，流言四起，张爱玲心里的伤心和难过也越来越多。

　　那个时候，胡兰成是有家室的，张爱玲是知道的。

　　张爱玲和胡兰成交往引以为知己，开始是没有想过要成为男女之间的恋情的，但是感情来得一发而不可收，张爱玲念及胡兰成的家庭，自己也渴望一生一世一双人的日子，于是下了决心递给了胡兰成一张纸条，叫胡兰成不要再来看她。

在张爱玲的心里，这段感情已经让她心烦意乱，她迫切地渴望静一静。但是胡兰成却没有放弃与张爱玲交往的意思，每天还仍旧来拜访。谈天说地，表露深情款款的温柔也从未变过。

有一天，胡兰成说起自己对于张爱玲的印象，说起了《天地》杂志上见到的那张照片，张爱玲听了，第二天将那张照片从书房里找出来，在背后写了几行字：

见了他，她变得很低很低，低到尘埃里。但她的心里是欢喜的，从尘埃里开出花来。

第二天，胡兰成从照片背后见到这几句话的时候，心里一颤。

他并不知道他心里的这个小女孩能够用这样的字句将他打动得这样深。

张爱玲也是当时上海文坛璀璨的新星，走到大街上别人喊起她的名字都纷纷为之侧目。

但是谁又能让她心甘情愿地写下"变得很低很低"这样的柔情和姿态，唯有当时已经走进了她心里的胡兰成。

张爱玲对胡兰成的感情也不是一时而起的，她从心里绽放出一种渴望。

她知道胡兰成有家室，可是这种感情依旧支撑着她难以自拔，不管是她回胡兰成的信里写"因为懂得，所以慈悲"，胡兰成引为知己，此后便隔一天一定要去见她一次；还是张爱玲从书架上取下胡兰成曾经见过的登在杂志上的照片，后面写的那一行字，"见了他，她变得很低很低，低到尘埃里，但她心里是欢喜的，从尘埃里开出花来"，这都是一直以来成长在荒芜感情中的张爱玲第一次感觉到了心底的暖流不断地涌动，他们一见倾心。

那个时候，胡兰成38岁，张爱玲23岁。

第四卷　花开花落君前醉

第一章　平生至爱我一人

张爱玲的笔端纤细，如花开在梦里升起淡淡晶莹的雾气，写在洁白的纸上灯光打落下来，摇曳开一片漂亮的光晕。

写着浪漫情怀的作品，张爱玲对于自身爱情的憧憬也是浪漫的。

张爱玲对胡兰成说：

我要你知道，在这个世界上总有一个人是等着你的，不管在什么时候，不管在什么地方，反正你知道，总有这么个人。

张爱玲和胡兰成每天相聚，这是张爱玲最幸福的一段时间。但是很快，胡兰成就要去南京任职，南京虽然距离上海很近，但是由于公务在身，他不能经常回来再看望张爱玲了。

由于想念张爱玲，不管距离多远，公务多忙，刚刚处在热恋时期的胡兰成还是经常回来，只要他从南京回到上海，并不是去家中看望妻子，而是直接将车子停在了张爱玲的公寓门前。

每一次他都是直接进门，第一句话便是："我回来了。"

张爱玲听到这四个字便觉得非常安心，虽然胡兰成也会很快就回去，但有短暂的相遇，也让张爱玲的心里不再是寂寥的苦楚。

胡兰成是旧文人出身，不懂外国文学，但是张爱玲却读过许多现代文学和西洋文学作品，因此张爱玲会把她更年轻时读的劳伦斯、萧伯纳等介绍给胡兰成去读。

由于在家庭里受到充分的教育，张爱玲的学识和艺术修养极高，对于美术和音乐更是能够侃侃而来。

第四卷 花开花落君前醉

小的时候，母亲让张爱玲弹钢琴，每当这个时候，都是张爱玲觉得最为折磨的时候。

她不喜欢弹钢琴，喜欢读小说，但是被迫养出来的弹钢琴的本事竟然真的让胡兰成大开眼界，倾慕不已。

对于胡兰成热爱熟知的古典文学，张爱玲能够如数家珍地说出自己的见解，而对于外国的画家和名作，张爱玲也有出其不意的见识。这一切都让胡兰成觉得惊讶不已。

后来，胡兰成写作《今生今世》，说是张爱玲取的书名，他其实在心里是仰仗张爱玲的才名的，说没有张爱玲，他也写不出那部《山河岁月》。

张爱玲和胡兰成频繁接触后，流言一直都有，而胡兰成认识张爱玲之后和现任妻子的争吵也越来越多。他称张爱玲是给予他启智的"九天玄女"。

张爱玲那个时候靠着稿费经济已经独立，她非常开心自己能够依靠自己赚的钱去好好生活，她知道经济独立终于让她能够不依靠父亲母亲和姑姑，自己给自己创造一片自己想要的天空。

8月，胡兰成终于下定决心和现任妻子离婚，并和张爱玲成婚。

那时候，他们俩没有婚礼，也没有什么公开场合的仪式，只在好友炎樱的见证下，写下了最为著名的一纸婚书："胡兰成张爱玲签订终生，结为夫妇，愿使岁月静好、现世安稳。"

这可以说是一个十分美好的开始。

张爱玲小的时候备受亲情的冷漠，胡兰成第一次给了她从未有过的温暖。

胡兰成是很有口才的，他夸张爱玲的绣鞋美丽，夸赞得十分动听。

他见过张爱玲转身换了一盏茶的姿势，感叹她的身形是多么美丽，让人动容。

张爱玲听到这些温软如玉的情话，经常激动得满心欢喜。

第四卷　花开花落君前醉

她开心的时候，经常拉着胡兰成问道："你的人是真的吗？"

她多么害怕，一觉醒来发现这是一场梦，她甚至想过如果这真的是一场梦，那就永远都不要醒过来。

之后，张爱玲在胡兰成创办的期刊《苦竹》第一期发表散文《谈音乐》，年底的时候大中剧团在卡尔登戏院（今长江戏院）上演舞台剧《倾城之恋》，张爱玲在《苦竹》上发表《自己的文章》以回应傅雷的批评。

1945年1月，话剧《倾城之恋》继续上演，张爱玲继续在月刊《杂志》上发表文章，创作颇丰。

虽然在文坛风生水起、、风光不已，但在生活中，张爱玲完全成为了胡兰成的"俘虏"。在张爱玲的心里胡兰成是有光芒的，她被这光环久久吸引着，睁不开眼睛更移不开步伐。

张爱玲看着胡兰成说："你这个人啊，我恨不得把你包包起，像个香袋儿，密密的针线缝缝好，放在衣箱里藏藏好。"

她是多么地宝贵他，恐惧在漫长的岁月里有一分一秒地丢失他。

有人说张爱玲就是民国时期的临水照花人，说她谙熟人情世故，也自顾自地创作和演绎多彩的画卷，那么胡兰成就是那个为她喝彩，为她画像的人。

张爱玲对胡兰成说："你说没有离愁，我想我也是的。可是上回你去南京，我竟要伤感了。"

张爱玲一心一意地爱着他，也希望他也能够一心一意地爱着自己。

胡兰成最初并没有骗张爱玲，他坦白地告诉过张爱玲，很可能他马上就要踏上逃亡之路了。

天涯海角、浪迹天涯并非如张爱玲想象中的浪漫情怀，张爱玲虽然也察觉得到局势紧张，却不知道接下来的一切远远超乎她的所想。张爱玲笑道："那时你变姓名，可叫张牵，或叫张招，天涯海角有我在牵你招你。"

她多么希望胡兰成所说的不安是一个泡影，那时候的她只是一个被爱情冲昏了头脑的小姑娘。

　　张爱玲的一生都无法对这个男人释怀，也许就是那几年短暂的温存要用上她一生的凄苦和哀怨，她将一颗心完完全全地捧上，但是那么快胡兰成的眼里就有了新人。

　　而她最可悲的，是不愿意放弃，如果她能够轻易地抽离出来，也许就不会被这段爱情碾轧得粉身碎骨。当另一方都走了那么远，风烟散尽，她还是站在原地徘徊了好久。

　　像个当初那生涩的、胆小的小女孩一样，乞求他能够回来。

　　"他一个人坐在沙发上，房里有金粉金沙深埋的宁静。外面风雨琳琅，漫山遍野都是今天。"她就是始终相信，从今天之后，明天和昨天都是今天。

　　其实那明明已经不是今天了，可她就觉得是。

　　所以她那么难过，她把她的今天弄丢了，可没有人知道。

张爱玲：我一直在这里，等风，也等你

后来，日本在上海的势力倒塌了，避难到武汉的胡兰成住在汉阳医院。

当时医院里的护士有六七人，一位叫作周训德的护士年轻貌美，到了武汉的胡兰成一干人等都没有妻眷在身边，因此每天下了班就到了护士堆里聊天，胡兰成一眼就喜欢上了这个女孩。

过惯了张爱玲诗情画意的生活的胡兰成，看中了小护士的年轻貌美和细致体贴，想把她纳为姜室。谁知道周训德认为自己的母亲就是姜，一生无名无分，因此一口回绝并要求一定要做正房。

此时此刻，胡兰成的心里哪里还有张爱玲的影子，他很快决定和周训德举办一次婚礼，并且开始了同居的生活，这是令张爱玲万万没有想到的。

周训德不谙世故也没有见过什么大场面，就像是一张可以涂鸦的白纸，一片空白，胡兰成教给周训德读书写字，周训德完全按照胡兰成教的一板一眼地写下来，胡兰成觉得非常欣喜。他的心里天真地想："娶张爱玲为妻，聘周训

第四卷　花开花落君前醉

德为妾。"

后来，胡兰成回到上海和张爱玲一起生活了几个月，他从来没有想过要掩盖这件事情，反而故作大方地将自己的风流韵事全都说出来。

张爱玲听了，一言不发，但心里却百转千回，。她在《天地》杂志上写道：

随便什么女人，男人稍微提到，说声好，听着总有点难过，不能每一趟都发脾气……你说了，就说不相干的，也存着戒心，弄得没有可谈的了。我想还是忍着的好。脾气是越纵容越大。忍忍就好了。

张爱玲似乎是在宽慰自己，也似乎是希望通过自己的宽容让胡兰成不要对自己生怨。

可她从未想过，当一个男人的不专一成为本性的时候，不管是宽容还是约束都无法挽回他的心。

很难说胡兰成到底钟情于哪个女人，他似乎对于任何一个女人都是爱情，但恰恰是这样的做法又伤害了每一个人。

就像当初离开了妻子英娣经常去看望张爱玲一样，5

155

月的时候胡兰成回到了汉阳，刚下飞机就感叹"终于回来了"，似乎在张爱玲身边那些事就是枷锁，而周训德这边才是真正的温香软玉在怀，他已经不叫她"小周"，而叫她"训德"，两个人亲亲密密，关系更是尽人皆知。

第二章　从此隔音尘

在汪精卫政府垮台之后，曾任汪伪政府官员的胡兰成成了汉奸。

由于汉奸的身份，胡兰成开始了逃亡的生涯，其间张爱玲无时无刻不在思念他。张爱玲不是一个对于局势敏感的人，胡兰成作为文化汉奸，却没有影响到张爱玲对他的爱，这可以看出张爱玲是个偏执的人，只知道一心跟随自己内心的情感。

胡兰成逃了一两年，连自己的地址都未曾发给过张爱玲。

当一个人来的时候，我们那么欢欣鼓舞，乐于接受，可是当这个人走的时候，才体会到多么的痛彻心扉，藕断丝连。

张爱玲思念胡兰成心切，还是在一个朋友那里打听到胡兰成是在温州落脚了，于是她从上海到温州，千里寻夫。

张爱玲的浪漫和偏执还留下了这样的句子：

我从诸暨丽水来，路上想着这是你走过的。记载船上望得见温州城了，想你就住在那里，这温州城就含有珠宝在放光。

在张爱玲见到胡兰成之前，她是多么心切和激动。她心心念念着他，觉得整座城市都因为他的存在而发光，但是她却从未想到过现在胡兰成的处境，更没想到敲开胡兰成的家门，却见到了一个少妇。

原来她竟然是胡兰成在温州已经成婚的妻子，她将胡兰成照顾得非常好。

这个女人叫范秀美，她对胡兰成一见钟情。

当时胡兰成在杭州乡下的斯家，斯家是一个名门望族，有一房姨太太就是范秀美。

范秀美18岁就守寡，年纪比胡兰成大上一岁。

第四卷　花开花落君前醉

当胡兰成到来的时候，范秀美心里已经有意于他，便赶忙带他到了温州。

两个人在前往温州的路上就夫妻相称，你侬我侬。

此时此刻，安于安乐的胡兰成早已不需要张爱玲的满腹才华和旷世经纬，他就需要偏安一隅的享乐。张爱玲出现的时候，胡兰成只有惊讶。

"一惊，心里即刻不喜，甚至没有觉得感激"，在胡兰成的心里，张爱玲千里寻夫的行为是这样让他不悦，甚至感觉影响到了他崭新的幸福生活。

范秀美白天自己下地干活，让胡兰成自己一个人在家里休息，见到来客后，她热情地招呼张爱玲，胡兰成还称张爱玲是自己远房的妹妹。

一时之间，张爱玲忍住眼泪不让它夺眶而出，但她没有说破自己的身份。

白天，张爱玲住在公园旁边的一家旅馆，胡兰成会去陪伴她，张爱玲会谈论昔日的外国文学和艺术。胡兰成听到张爱玲这些话语，又想起和才女相伴的时光，看到自己现在一身落魄，胡兰成心里更感伤，不知道说什么好。

有一天，胡兰成陪着张爱玲说话，但是忽然开始肚子痛。

碍于和张爱玲越发地生分，胡兰成闭口不言，等到范秀美过来的时候，胡兰成立马对她说自己身上不舒服。

这让张爱玲感受到挫伤，原来在胡兰成的心里，自己早已不是那个可以依靠可以诉说的人了。

她悲伤于自己逝去的爱情，悲伤于自己所爱的男人情牵四处。在《半生缘》里，张爱玲借着主人公的口说出：

你如果问我爱值不值得，其实你应该知道。爱就是不问值不值得。

她又在《红玫瑰与白玫瑰》里写道：

振保的生命里有两个女人，他说一个是他的白玫瑰，一个是他的红玫瑰。一个是圣洁的妻，一个是热烈的情妇——普通人向来是这样把节烈两个字分开来讲的。也许，在每一个男子的生命中都有过这样的两个女人，至少两个。娶了红

第四卷　花开花落君前醉

玫瑰，久而久之，红的变了墙上的一抹蚊子血，白的还是"床前明月光"；娶了白玫瑰，白的便是衣服上的一粒饭粘子，红的却是心口上的一颗朱砂痣。

在胡兰成的心里，他希望妻子和情人永远平行地处在他的时空里。妻子是白玫瑰，情人是红玫瑰，给自己的不专一找到了一千一万种缘由。

正是因为这样，在张爱玲来的时候，胡兰成说："有时两人并枕躺在床上说话，两人脸凑脸四目相视，她眼睛里都是笑，面庞像大朵牡丹花开得满满的，一点儿也没有保留，我凡与她在一起，总觉得日子长长的。"

但是张爱玲知道，这些甜蜜的谎言，胡兰成不仅说给了自己听，还说给了其他的众多女人听。她听着听着，一个字一个字地记下来，忍不住眼泪就要落下来了。

有一次，仍然是范秀美和胡兰成一同来看望张爱玲，张爱玲说要为范秀美画像，但画到一半的时候就泪眼婆娑地停笔了。张爱玲说道："我画着画着，只觉得她的眉眼神情，她的嘴，越来越像你，心里好一惊动，一阵难受，就再也画不下去了，你还只管问我为何画不下去。"

她是多么难过，这世界上恐怕不会有任何一个女人能够大度到与另一个女人毫无芥蒂地分享自己的爱人。可是胡兰成偏偏装作不懂。

范秀美和胡兰成在一起的时候，却没有介意过张爱玲和周训德。

胡兰成在《今生今世》说：

但她不妒忌爱玲与小周，这原是她对人事的现实明达知礼，而亦是她的糊涂可笑。她明知我有爱玲与小周，当时她却竟不考虑，因为她与我只是这样的，不可以是易卜生戏剧里的社会问题，其至亦不可以是禅回答。她这样做，不是委屈迁就，而是横绝一世。

胡兰成说佩服范秀美拯救了他的胸襟，也坦言过，自己和范秀美在一起是利用她来保全自己。

等到解放后，胡兰成逃到日本的时候，彻底放弃了范秀美。范秀美在胡兰成落难的时候帮助他，张爱玲在胡兰成漂泊的时候奉上了自己三十多万的稿费，还说："不用管我，我自会节俭。"来帮助胡兰成生活。

但是到了日本的胡兰成完全忘记了这些爱过他的人。

无法接受这畸形又让人痛苦的生活，张爱玲决定回上海。

临上船前，她对胡兰成说："倘使我不得离开你，亦不致寻短见，亦不能再爱别人，我将只是萎谢了。"

张爱玲曾经将自己比作那朵尘埃里开出的花，可是现在却要凋谢了。

然后她在冷清的风里，大哭了起来。我不能再爱你，又让我如何去爱别人。

很大的意义上，胡兰成身上也有着旧文人的一面，讲究风流韵事、红袖添香，这总是令张爱玲想起她的父亲张延重，想起父亲带着姨太太明目张胆地回来，想起母亲愤怒的脸庞和紧皱的眉头。

现在她仍然是这样，不能一生一世一双人。

胡兰成在成婚的时候曾说：

我与爱玲只是这样，亦已人世有似山不厌高，海不厌深，高山大海几乎不可以是儿女私情。我们两人都是曾想到要结婚。但英娣竟与我离异，我们才也结婚。是年我三十八岁，她二十三岁。我为顾到日后时局变动不致连累她，没有举行仪式，只写婚书为定，文曰：胡兰成张爱玲签订终身，结为夫妻，愿使岁月静好，现世安稳。上两句是爱玲撰，后两句我撰，旁写炎樱为媒证。

可是后来在《今生今世》里，胡兰成却将张爱玲的感情轻描淡写带过了：

我与爱玲亦只是男女相悦，《子夜歌》里称"欢"，实在比称爱人好。

他将已经成婚的爱情称为贪欢的享乐一样，是过眼云烟。

从温州回上海的期间，张爱玲写了《小团圆》，里面除

第四卷　花开花落君前醉

了自己早年的生活以外都是胡兰成的故事，可是张爱玲却一直到死也不愿意出版，也许这就像种在她心里的刺一样，让她隐隐作痛，只要回想起来，就在那里，谁也遮挡不了。

很难想象张爱玲是以怎样的心情回到上海的，更不知在茫茫江面上，她有过几次落泪。

后来张爱玲给胡兰成去信：

那天船将开时，你回岸上去了，我一人雨中撑伞在船舷边，对着滔滔黄浪伫立涕泣久之。

她拿出了稿费去帮助胡兰成生活，即使她知道他似乎已经不属于自己，但是也许在张爱玲心里，他从来没真正离开过，或者说她总是感觉，他会在某个午后悠悠地回到她家的窗台旁。

稿费高达三十多万，张爱玲未曾吝啬过一丝一毫，她总是知道他干不了重活，吃不了疲累，她想让他过得好一点，即使自己遍体鳞伤。

在胡兰成逃亡的两年中，张爱玲每每拿出钱来资助他，一次又一次。

张爱玲：我一直在这里，等风，也等你

这本身就是一段畸形的爱情，胡兰成不论是身份还是人品，都与心思纯真的张爱玲完全不同。但是爱情来临的时候，有些人是不会权衡这些合适与不合适的，他们只知道生死追随。

而张爱玲在无数个只有文字陪伴的夜晚，写下一个个"苍凉的姿势"，她太年轻，才华太瞩目，像是奇迹一样，而张爱玲的小说里，苍凉的底色更加浓郁了。

她总会想起在《倾城之恋》里：

她突然爬到柳原身边，隔着他的棉被，拥抱着他。他从被窝里伸出手来握着她的手。他们把彼此看得透明透亮。仅仅是一刹那的彻底的谅解，然而这一刹那够他们在一起和谐地活个十年八年。

这是爱情，也是婚姻，但是她从未真正得到，失去得却比别人更彻底。

在张爱玲和胡兰成之间，有"因为懂得，所以慈悲"，但是却无法有彻底的谅解了。

第四卷　花开花落君前醉

1946年，胡兰成在温州躲避的藏身之处被发现了。

无奈之下，胡兰成只能回到浙江老家，偏偏此时此刻范秀美怀上了胡兰成的孩子。

原本是斯家姨太太的范秀美遗孀多年，自然不能再回到斯家，但胡兰成为了藏身根本无心将范秀美接走，那么安置范秀美成了一个棘手的问题。

胡兰成给自己在上海的侄女和张爱玲写了便条，请求她们帮助范秀美在上海找医院打掉孩子，侄女青芸见到纸条很快找来了张爱玲。

她们把范秀美安置到医院里，张爱玲从自己的抽屉里取出一只金镯子说："把这个当掉吧，给她先做手术。"

她说完长长地叹了一口气，她的眼泪再也不会落下来了，心如死灰，胡兰成连给自己的女人打掉孩子的钱都没有了，而她的内心除了悲凉，都是爱情死去后的灰烬了。

后来，胡兰成还回到过上海，来张爱玲家里住。

他仿佛真的将自己与这些女人复杂的联系看成理所当然，他恬不知耻地问张爱玲看没看自己为周训德写的《武汉记》，一直不说话的张爱玲只淡淡说了一句："看不下去。"

胡兰成教给过小周"春江水沈沈，上有双竹林。竹叶坏水色，郎亦坏人心"这样充满了郎情妾意的句子，也恬不知耻地说过"我只管看她，如绍兴媒婆说的越看越滋味，我说你做我的学生罢。但过得多少日子，又说你还是做我的女儿。后来又说要她做我的妹妹，但到底觉得诸般都不宜。《诗经》里'子兮子兮，如此良人何！'没有法子，只好拿她做老婆，只怕做了老婆亦仍觉拿她没有法子。我道：'我看着你看着你，想要爱起你来了。'她道：'瞎说！'我仍说：'我们就来爱好不好？'她道：'瞎说！'"

这样的情爱写在《武汉记》里，让张爱玲如何能够一看。

而胡兰成每次逃离都会对张爱玲说起他的愧疚，"唯对爱玲我稍觉不安，几乎要惭愧，她是平时亦使我惊。我当然是个蛮横无理的人，愈是对爱玲如此"。

　　第二天，天还没亮的时候，胡兰成起身到了张爱玲的房间里。

　　张爱玲睡眼惺忪中拥抱他，只叫了一声"兰成"，便再也说不出话来，只有哽咽。

　　而张爱玲最终决定放弃是在1947年6月10日，胡兰成收到了张爱玲寄给他的最后一封信，里面写道：

　　我已经不喜欢你了，你是早已不喜欢我了的。这次的决心，我是经过一年半的长时间考虑的，彼惟时以小吉故，不欲增加你的困难。你不要来找我，即或写信来，我亦是不看的了。

　　她终于决定忘掉，与往事作别。

　　这是需要千万个夜晚，酒伴惆怅，月明他乡，她心碎，她纠葛，是从骨肉里长出来的牵连。但是胡兰成偏偏要打断它，她这本就是脉脉红尘里的异色，连文字都是惊艳的，醉得甘愿，醒着醉了都是无怨无悔的牵连了，说是我不再看了，说是我忘了，但是心里永远地留下了那个位置，那个人永远都不会来了。

此后，她的文字更加冷艳，也更加让人无奈、嗤笑和心寒了。

在20世纪50年代后，张爱玲已经离开大陆到了香港生活，去信给胡兰成借书。

胡兰成想起当时香港提到对《山河岁月》的评价，张爱玲没有评价，现在张爱玲来要书他不自觉得意扬扬。但是张爱玲对于那些含情脉脉的话再也没有回复了。

只回复给一段信笺：

兰成：

你的信和书都收到了，非常感谢。我不想写信，请你原谅。我因为实在无法找到你的旧著作参考，所以才冒失地向你借，如果是你误会，我是真的觉得抱歉。《今生今世》下卷出版的时候，你若是不感到不快，请寄一本给我。我在这里预先道谢，不另写信了。

爱玲。

第四卷　花开花落君前醉

时间到那一刻，张爱玲再未与胡兰成有过一丝一毫的联系了。

他们的柔情和温暖全都吹进了岁月的漩涡里，早已在挣扎中丢盔弃甲的张爱玲终于心如死灰，不再留恋。

胡兰成和张爱玲的这段爱情，对于张爱玲而言是，是严重的情伤。

她有的时候在斜阳落日下会看着镜子，看着里面那个精致的自己。看着梳理得整整齐齐的头发，身上漂亮的一尘不染的旗袍，她觉得时间慢慢过去了。但是她再也不是那个曾经青春年少又拘谨的女孩子了，这段感情耗尽了张爱玲的心血。

她甚至会经常想起，许多年前她的母亲离开家，她认为自己是要和父亲相依为命了。可是没想到换来的是她要进入另一个失去了关爱的世界。后来经历了父亲的毒打，她又逃到母亲家里去，她以为幸福的日子就要来了，没想到她来到的又是一个冰冷的黑洞。

认识胡兰成的时候，她相信终于会得到现世安稳、岁月静好。

但是偏偏那是胡兰成嘴里最为虚假的一句话。

一步步，一次次。

她对于这个世界上的感情是绝望的。

甚至在《心经》里面，她借着徐太太的口对许小寒说："人活在世上不过短短几年。爱，也不过短短的几年。由他们去罢。"

许小寒是个多么年轻的女孩子，在张爱玲的笔下太多这样的女孩子了。她们年轻又游走在物质和精神双重挣扎的世界里。白流苏遇到了范柳原，但是将她从白家解救出来的范柳原真的会为了她放弃曾经花天酒地的公子哥的日子吗？

在香港炮火连天的日子里，张爱玲一个人靠在摇摇欲坠的图书馆的角落里，她的头顶就是炮火的一次又一次的袭击，可是她就锁在角落里，看完了《官场现形记》。

她的眼睛近视，在昏暗的灯光里，她低头看了很久很久。她觉得这个世界真的和自己无关了。

这个小小的女孩被留在恐怖的炮火里的时候，那个范柳原真的出现了吗？真的抱着她的身体揽进自己的怀抱里了吗？

没有。

但是张爱玲的心里，却永远留了那么一个位置给胡兰成。

也有人说，张爱玲这么爱胡兰成，是觉得胡兰成有光芒。

胡兰成在日本的最后一任妻子佘爱珍是曾经在上海滩不可一世的女人，她的前任丈夫是恶名昭著的头号大汉奸吴四宝。

佘爱珍过惯了骄奢淫逸的生活，她年轻的时候辍学生子与父母反目，孩子夭折遭夫抛弃，做过女工、丫头和赌场司仪。双手使枪，心狠手辣，是头号"大姐"，不懂文学也不爱谈天说地。胡兰成追求她，稍不顺意她就会将胡兰成一脚踢开。但正是这样，胡兰成却在自己的书里有四万字都在写她，写她的种种好，夸赞她。和她相处也不和张爱玲一样，只得处处顺意。

"她不擦口红，不穿花式的衣裳，夏天只见她穿玄色香云纱旗袍或是淡青灰，上襟角戴一环茉莉花。人说雪肤花貌，容貌已如花，衣裳就只可穿一色，而肌肤如雪，若再穿白，那真要变得像白蛇娘娘了。那年她三十八岁，人家看她总要看小十年，且觉得女人的妙年只能是像她现在这样的岁数。"这是胡兰成文章里的溢美之词。

当时吴四宝死了，胡兰成心里也多少觊觎一些佘爱珍的财产。他有一次跟佘爱珍要去日本的路费，佘爱珍从刚才的你侬我侬立马哭穷说："我现在不比以前，没有什么钱了。"然后拿了200块钱打发了胡兰成，就像打发要饭的叫花子，像张爱玲能够将自己全部的30万稿费全都寄给胡兰成的恐怕也是少数。

佘爱珍经常打趣胡兰成说，"你与张小姐应该在一起，两个人都会写文章，多好。"每当听到这里，胡兰成再也不敢像之前对她们一样聊起自己的情史，而是惊惧不已、大汗淋漓。

张爱玲爱上胡兰成，就是因为胡兰成有光芒，他们之间有文学上的共同契合点，所以张爱玲将他引为知己。这种光芒也让张爱玲无法逃脱他爱情的锁链，许多年后这一段情伤提起来，她的心里依旧隐隐作痛。她知道胡兰成离开了上海，失去了爱情的她终日仓皇、满目苍凉。

但是佘爱珍的眼里根本没有文学也没有光芒，她甚至看不起胡兰成，将他看成没有骨气的文人，但正是因为失去了光芒，胡兰成才在佘爱珍那里服服帖帖。

第三章　她的作品，她的人生

《金锁记》在现代文学史上的地位，比《倾城之恋》还要高。

每每中文系上课，讲到30年代的文学，都会提起张爱玲，每每提起张爱玲，都会讲到《金锁记》：

三十年前的上海，一个有月亮的晚上……我们也许没赶上看见三十年前的月亮。年轻的人想着三十年前的月亮该是铜钱大的一个红黄的湿晕，像朵云轩信笺上落了一滴泪珠，陈旧而迷糊。老年人回忆中的三十年前的月亮是欢愉的，比眼前的月亮大，圆，白；然而隔着三十年的辛苦路往回看，再好的月色也不免带点凄凉。

曹七巧在自己的兄嫂将自己卖给姜家的时候内心就已经

死去了，在姜家的这些日子，她想到的只是能够挨过一日就是一日。到最后这些人都死掉的时候，曹七巧觉得似乎这个世界上最可靠的就是金钱。曹七巧的悲剧不得不说，是张爱玲的一种切身感受。

张爱玲从小到大什么都不缺，但是她却不快乐。

如果没有这样高贵的家世，也许她不会有那样深厚的文学底蕴，但是真的生育了她的父母却没有给予她应该有的关爱。

中国的封建思想讲究三从四德，但是这也造成了很多悲剧。

即使是现在的社会，很多家长也会给孩子安排自己的一生，孩子不得不按照家长设定的道路走下去，在这条路上的幸福和悲伤都难以让人看到。

张爱玲写作《金锁记》，恰如其分地反映了那个时代对于人性的折磨，原本在偏于古典的故事里人们会美化生活，但是张爱玲狠狠地撕下了那些虚假的面具，将那个时代的畸形肮脏和凶暴全都无一例外地展示了出来。

可能正是因为她的真实，她的深邃，才让世人赋予这部作品极高的评价。

傅雷先生十分喜欢《金锁记》中张爱玲的风格，说颇有《狂人日记》的风味。

张爱玲最早被拍成话剧上演的作品是家喻户晓的《倾城之恋》。

《倾城之恋》给人的印象，仿佛是一座雕刻精工的翡翠宝塔。美丽的对话，真真假假的捉迷藏，都在心的浮面飘滑；吸引，挑逗，无伤大体的攻守战，遮饰着虚伪。男人是一片空虚的心，不想真正找着落的心，把恋爱看作高尔夫与威士忌中间的调剂。

女人，整日担忧着最后一些资本——30岁左右的青春——再另一次倒账；物质生活的迫切需求，使她无暇顾到心灵：

这堵墙，不知为什么使我想起地老天荒那一类的话，有一天，我们的文明被整个地毁掉了，什么都完了——烧完了，炸完了，坍完了，也许还剩下这堵墙。流苏，如果我们那时候再在这墙根底下遇见了，流苏，也许我会对你有一点真心。

在张爱玲的作品里，《红玫瑰与白玫瑰》是一个异类。

有多少个男人是佟振保，也有多少个女人会错过爱和被爱。

在结尾，振保想要做一个好人，他在逼仄的屋子里感受到蚊子不断地侵扰他，他想从明天开始做一个好人。其实何止是好人，他是想从明天开始能够为自己的选择负责。

我们很难说振保所做的是错的，我们也很难以一个观念去判断选择"白月光"是一种错误。振保选择白月光是希望她安安静静、平平稳稳，不像王娇蕊一样在婚后出轨给自己一种担忧，但他却无视了自己并不爱，他以为无爱的婚姻也可以存在下去。

最让振保感到讽刺的是，他很快发现了自己的妻子孟烟鹂出轨了裁缝。

这对于振保而言是一个生命的重创，他也许会回想起自己曾经的爱恨情仇，无论是选择白月光还是选择红玫瑰，振保的心里都是遗憾的。

他不能是张爱玲笔下的好男人，他堕落过，也自私过。最可怕的是，他不能为自己的选择负责。

这对于爱情和婚姻都是一种讽刺。

"沉香屑"系列是张爱玲的第一部书，从这一部书开始，张爱玲的风格就明显起来，也成熟起来，慢慢地自成一派，名满上海。

故事里的葛薇龙似乎是她自己学生时代的一个化身，从上海而来，因为家境的原因必须投靠在香港的姑姑。姑姑居住在山头华丽的住宅区里，花园是长方形的草坪，四周围着矮矮的栏杆，栏杆外就是一片荒山。院子坐落在山里，雍容华贵的花园里种植着漂亮的英国玫瑰，一丝不乱。这让葛薇龙有一种林妹妹进大观园的感觉。

和《金锁记》里曹七巧作为少妇的描写不一样，和白流苏作为离婚女人的描写也不一样。葛薇龙是年轻的，是一个彻彻底底的女学生。她并不像曹七巧一样会说话，也不像白流苏一样心里有自己的想法。

　　她是淡淡的，很内敛很安静，很像那个还不成熟的、淡漠的张爱玲。

第四章　影业传奇

上海解放于1949年，解放后的上海呈现了一种崭新的发展态势。

开始清算汉奸的时候，张爱玲由于和胡兰成的婚恋关系，也被列入文化汉奸之列，被不断地声讨和指责。在解放前的两年里，张爱玲的内心十分痛苦。

胡兰成的身边有好几个女人围绕，这让张爱玲内心的痛苦渐渐地加深。

1947年的时候，《倾城之恋》要改成大型话剧，著名的女演员罗兰演绎女主角白流苏。

张爱玲从改写剧本到选择角色、宣传剧目都亲力亲为，花尽心思。

第四卷　花开花落君前醉

张爱玲把自己全心全意的爱意奉献给了这部作品，她希望上演的时候能够打动无数人的心。

张爱玲此时已经名满上海，罗兰也是当时备受关注的女明星。

听闻罗兰要演绎白流苏时，当时整个上海都沸腾了。

《倾城之恋》上演的时候座无虚席，每个人屏气凝神，几乎是跟随着主人公的快乐而快乐，跟随着主人公的忧伤而忧伤。

《倾城之恋》这样一个背景庞杂，转换了上海、香港和马来西亚等多地的剧本，原本在彩排上会有重重阻碍。但是凭借着张爱玲对于剧本的驾驭和主角们高超的演绎才华，终于在演出中成为人人畅谈的经典。

当时看《倾城之恋》的观众，不光有中高层的社会人士，还有张爱玲的粉丝和一些热爱戏剧艺术的导演。

张爱玲人生中另一个重要的男人就是因为《倾城之恋》和她相识，这个男人就是电影导演桑弧。

张爱玲：我一直在这里，等风，也等你

桑弧的真名叫李培林，是中国著名的导演和编剧，出生于上海，是土生土长的上海人。

桑弧十分英俊，他的脸形十分端正，眼眸黑色深邃而有神，眉宇之间更是气度不凡。

在《小团圆》里，我们看到了张爱玲和桑弧的一段不为人知的感情。为何不可以称为恋情？因为他们一生的确没有在一起过。

和胡兰成分手后不久，桑弧找到张爱玲。他认为张爱玲是惊才绝艳的天才作家，他来找她，是让她写电影《不了情》的电影剧本。

就像是从前一样，胡兰成来拜访她是因为《封锁》那篇小说。现在在同样的夜色、同样的阁楼里，桑弧来找她写不一样的故事。

为了生存下去，也因为作家这个职业需求，张爱玲并没有拒绝。很快，剧本被送到了上海文华影业公司。

《不了情》开拍，男主角叫刘琼，女主角叫陈燕燕，都是当时红极一时的明星，加上编剧才女张爱玲，所以电影未

曾上映就引起了很大的关注。

《不了情》的剧本也成了张爱玲小说《多少恨》的原本，讲了一些西方小说色彩的故事。

家庭女教师和有妇之夫的感情，在张爱玲的笔下轰轰烈烈、饱受苦楚。

《不了情》上演的时候，上海轰动一时，很快凭借着良好的市场效应，张爱玲再一次给桑弧写作了《太太万岁》和《哀乐中年》的剧本。

也正是因为这三部电影，张爱玲有了巨额的稿费。

但是在收到这笔巨额的稿费后，张爱玲选择了寄给胡兰成30万，以了断这份感情。

桑弧和张爱玲的艺术追求有十分契合的地方，在1949年后，市民的生活已经不符合大众的喜好。他拍过新中国第一部彩色电影，也拍过第一部彩色故事片和第一部立体电影。中国导演界的无数第一，在他身上成为现实。

但是在桑弧的心里，他依旧是热爱着市民文化的。平缓地讲着家庭生活的琐事，透露着人性和人生最苍凉的道理。

在这一点上，张爱玲和桑弧的艺术审美和艺术追求是这样相似。

正如张爱玲在《题记》中所说：

所谓"哀乐中年"，大概那意思就是他们的欢乐里永远夹杂着一丝心酸，他们的悲哀也不是完全没有安慰的。

但这就是苦涩的人生，他们不是现实生活中那样平安喜乐，而是充满着世俗生活的一点点心酸和不甘。

柯灵评论桑弧：

他以上海市民的生活空间和家庭景观扩充了中国电影的地缘风情，以"琐琐的哀乐""细小的爱憎""善恶的摩擦"填补了写实的主题内涵。

这一点，从小处见真情，和张爱玲多么相似。

连在拍戏的时候，都有很多人打趣说张爱玲和桑弧很般配，要给他们做媒，但却被张爱玲拒绝。

张爱玲并不是用语言说，只是摇头，再摇头，再三摇头，这个事情不要再提，是不可能的。

第四卷　花开花落君前醉

一方面是胡兰成给予张爱玲的伤害太大，她不知道在以后的年岁里能不能忘记这段感情带给自己的那无休止的伤害。

她为胡兰成彻彻底底地付出，但是却没有得到什么回报。

在张爱玲的故事里，原本的一半就是薄凉的。

她写《沉香屑第一炉香》的时候是写过单纯的向往的爱情，虽然爱上的乔琪是渣男。在后来写《倾城之恋》和《金锁记》的时候，自己也像是失婚的女人一样，骨子里残留着对这个世界的温情，但是现实其实比她笔下的残酷还要冷漠。

许多年后在《小团圆》里，张爱玲写着和桑弧的一段纠葛，里面有一段专门讲了桑弧对于张爱玲外貌的注意。

燕山曾经问九莉："你从来不化妆？"

九莉大致是从二十八岁开始擦粉，她擦粉的时候很少有男人注意，但燕山偏偏能够注意到。

"这里再擦点。"他打量了她一下，迟疑地指指眼睛鼻

187

子之间的一小块地方。

原来这里是少擦了有点缺陷，本来还想在眼窝鼻洼间留一点晶莹，但是又再扑上点粉。

"像脸上盖了层棉被，透不过气来。"她笑着说。

他有点不好意思，他的眼睛有无限的深邃。但是她又想，也许爱一个人的时候，总觉得他神秘有深度。她一向怀疑漂亮的男人。

漂亮的女人还比较经得起惯，因为美丽似乎是女孩子的本分，不美才有问题。

漂亮的男人更经不起惯，往往有许多弯弯扭扭拐拐角角心理不正常的地方。

再演了戏，更是天下的女人都成了想吃唐僧肉的妖怪。

不过她对他是初恋的心情，从前错过了的，等到了手已经境况全非，更觉得凄迷留恋，恨不得永远逗留在这阶段。这倒投了他的缘，至少先是这样，她就简单地想把自己最美的一面留给他。

她跟燕山看了电影出来，注意到他脸色很难看。

稍后她从皮包里取出小镜子来一照，知道是因为她的面貌变了，在粉与霜膏下沁出油来。

燕山笑道："我喜欢琴迷罗吉丝毫无诚意的眼睛。"

不知道怎么，她听了也像被针扎了一下，想不出话来说。

他来找她之前，她不去拿冰箱里的冰块擦脸，使皮肤紧缩，因为怕楚娣看见，只把浴缸里的冷水龙头大开着，多放一会儿，等水冰冷的时候把脸凑上去，偏又给楚娣撞见了。

她们都跟蕊秋同住过，对于女人色衰的过程可以说无所不晓，但是楚娣看见她用冷水冲脸，还是不禁色变。

她又停经两个月，这次以为有孕——偏赶在这时候！——没办法，只得告诉燕山。

燕山强笑低声道："那也没有什么，就宣布……"

她往前看着，前途十分黯淡，因又流泪道："我觉得我们这样开头太凄惨了。"

"这也没有什么。"他又说。

但是他介绍了一个产科医生给她检验，是个女医生，广

189

东人。验出来没有孕，但是子宫颈折断过。想必总是与之有关，因为后来也没再疼过。

燕山要跟一个小女伶结婚了，很漂亮，给母亲看得很紧。钱也给的，人也去的，还要怎样？带笑说着，但是显然有点怕他结婚九莉也去大闹礼堂。这天他又来了，有点心神不定地绕着圈子踱来踱去。

九莉笑道："预备什么时候结婚？"

燕山笑了起来道："已经结了婚了。"

听到了这句话，九莉觉得，立刻像是有一条冰冷的河在他们中间流淌着。

这里的九莉是代指张爱玲自己，而燕山则是桑弧。

两个人停止合作后没有多长时间，就断了这份联系。但是在张爱玲的《小团圆》里，她将和桑弧的感情称之为初恋。

她抹杀了和胡兰成的那段感情。

也许在张爱玲心里，早就一度认为自己和胡兰成的感情是一种错误，她不想再提起。

第四卷　花开花落君前醉

在这个记叙里面可以设想，因为桑弧和张爱玲一起看电影的时候，张爱玲感觉因为自己衰老起油的皮肤惹起桑弧的反感，以及上一段婚姻，张爱玲虽然没有怀孕但是造成宫颈受伤还曾经疼痛。

最终在《小团圆》里，燕山找了一个年轻漂亮的小女伶结婚。

张爱玲虽然家世显赫，但每一次的爱情她的态度似乎都没有逃开过"很低很低，低到尘埃里"。

对于任何一个恋人，张爱玲都是全身心地去付出的，她对胡兰成倾囊相送，对于第二任美国丈夫赖雅更是如此，照顾生病瘫痪在床的他，陪伴他终老。

对于张爱玲而言，她是需要爱情的，她将爱情看得比任何人更重。她太过孤独了，对于亲弟弟张子静她都是浅浅淡淡的，不会大喜大悲，也许只有对于爱人才填补了她内心深处那些最柔软的情感。

太爱了所以太容易受伤害，太容易害怕失去，所以就把自己放到了那个低低的位置上，以为会得到一点点的怜悯，没想到总是让人走得更加无情。

在张爱玲的电影上映之后，左翼作家抨击张爱玲的作品充满了小资情调和气息。

张爱玲的确没有政治观念和意识形态意识，当时鲁迅主持的左翼文学作家联盟，简称"左联"，主要翻译西方文学作品，马克思主义在中国的倡导也和左联有着密不可分的关系。

左联倡导阶级斗争，但是张爱玲只擅长写简单的婚姻和爱情生活的琐事。

那个时候，母亲的嫁妆几乎都用完了，父亲家庭败落，姑姑只是简单的职员，她回到香港继续完成学业是不可能实现的路。

解放战争爆发之后，张爱玲在上海生活得举步维艰。她的电影风格不再受到追捧，许多她之前投稿过的杂志纷纷倒闭。张爱玲的经济情况一度陷入窘迫之中。

第四卷　花开花落君前醉

无爱无婚姻，无业无经济收入。

一个女人痛苦不堪的一切都让张爱玲看似简简单单地经历了，但却没有人能够感受到这对于张爱玲而言，将会是多么严重的伤害，她像是风中一只孤单的鸟雀，找不到自己的方向。

1947年之后，张爱玲和姑姑张茂渊不得不搬出了一直居住的豪华的赫德路公寓，搬去了房租便宜不少的长江公寓。

这有一些像是《高老头》当中的公寓，由于房租的局限，生活上也带来了很多不便利。

1948年和1949年，是张爱玲创作的空巢期间。她虽然一直默默地在写，但是没有能够发表出任何作品，也不禁令人感受到一阵凄凉。

那个时候，张爱玲回想起自己年少成名。接受的采访，去到的聚会，曾经的家庭折磨，婚恋纠葛。转眼一切其实只在几年间，她却好像苍老了很多很多。

张爱玲从骨子里开始薄凉起来。也许，许多年前当母亲问她是要嫁人还是要上学的时候，如果她选择安安静静地做一个大家闺秀，可能不会如此痛苦。但是她身上还有未曾完成的文学梦想，她太早就知道自己热爱着写作，并最终为此而奋斗终生。

母亲也曾经在最后一次见到张爱玲的时候叹息着说：

我自己挑了难路走，但愿你能享福，结果你也挑难路走，还更难。

第五卷　再见，抚去时光

第五卷　再见，抚去时光

第一章　世界上的另一个我

　　1949年到来了，中华人民共和国成立之后，整个民族的面貌焕然一新。

　　当时的另一位著名的剧作家夏衍，支持出版人唐大郎和龚之方一起兴办一份报刊，叫作《亦报》。

　　龚之方在张爱玲和桑弧一起拍片子的时候就认识了张爱玲，是很好的旧识。在这样的关系中好友来约稿子，张爱玲欣然同意。

　　张爱玲的新作《十八春》就刊登在了这份报刊上，全文长达25万字，广受读者好评。

　　张爱玲开始用梁京的笔名，曾经风起云涌的"张爱玲"三个字，一经提起仿佛都变成了一种永久的痛苦，刺在心里。

张爱玲：我一直在这里，等风，也等你

《十八春》又名《半生缘》，因为张爱玲不满意自己曾经写的结尾，所以在她后来出国后将结尾改了又再次命名。

顾曼桢和沈世钧的爱情，即使过去了半个世纪，依旧是让人心头伤心不已。

那些离散的痛苦，爱上错误的人，见过灯红酒绿也见过人情薄凉。沈世钧去寻找顾曼桢的时候，痴痴地坐在顾家搬走了的房子下面，街道上那叫卖蘑菇和豆腐干的老人苍老的声音，让沈世钧每次听到都流泪。

人生啊，百转千回，有无数的遗憾，而这本《半生缘》，是张爱玲用无数人的无数遗憾组成的。

忘记什么叫作从头开始，忘记顾曼璐在豫瑾的嘲弄下哭着后悔自己如果不当舞女，不管家人的死活，也许早就嫁给了他。忘记顾太太在沈世钧面前说顾曼桢一定会嫁给豫瑾才合适的那些话，也忘记顾曼璐知道顾曼桢是替她考虑的时候大错已经铸成。沈世钧哭着吻她，痛苦自己未曾早一些发现，连祝鸿才都在顾曼璐死后，遗憾她在世时对她太

过刻薄。

人生会有太多的遗憾，但是这么多无奈组成的《半生缘》成为了传世名作，它没有多么难懂的故事情节，也没有多么复杂的心理结构，甚至不如张爱玲前期的小说那样文辞优美、生动传神，她文笔已经老道到一定的地步，简简单单的几个字字句句就能够描绘出人物生动的情景和心理。

女主人公顾曼桢的形象尤为生动，当有人看到顾曼桢遭遇罪恶的那一期时，狠狠地把报纸扔到地上，还哭着说一定要打"梁京"一个耳光。

有个女孩子在读了《十八春》之后，声称自己就是货真价实的"顾曼桢"，她和顾曼桢有着十分相似的经历。

几经辗转，她找到了当时张爱玲居住的长江公寓，一定要见见这位作者，并且在张爱玲楼下放声大哭。最终，张爱玲还是找了姑姑张茂渊劝住了这位痛不欲生的姑娘。

《十八春》的大热超出了所有人的预料，最后，报社甚至举办了一个新闻发布会，来请张爱玲专门作了关于《十八春》的演讲。

第二章　消失熙攘红尘

《十八春》之后，《亦报》期待着张爱玲的新稿，在编辑商讨之后，一部反映当时劳苦大众的作品《小艾》开始连载。很难说《小艾》不是一部好的作品，它虽然不像张爱玲的前期作品一样被人熟知，但是也拥有着自己独特的特点。

《小艾》之后，张爱玲有很长一段时间没有开笔创作。她似乎陷入了一种困扰当中，时常回忆起这些年来拥有过又失去的一切。

她开始对自己曾经的文学追求产生了怀疑，她很迷茫，就像是曾经的江水一样，让她不知道自己该要何去何从。

1949年6月，左翼文学作家联盟的剧作家夏衍开始主管上海国民党统治的文化教育系统，夏衍和桑弧一样都十分赞

第五卷 再见，抚去时光

赏张爱玲的作品和才华。

1951年7月，夏衍请张爱玲来参加上海市第一届文代会，他希望张爱玲进入上海主流文艺圈。张爱玲思考很久，最终决定出席会议。

但是出席会议的当天，张爱玲一进会场就感受到了一阵局促。

与会者不是穿着深色的中山装，就是穿着当时同样流行的列宁装。张爱玲却穿了一件白色网眼的外衫和一件紧身的旗袍。她有些局促地赶忙坐在了最后一排，安静地听着与会者的发言。

大会的内容主要是之前左翼文学作家联盟的路线，要宣传马克思主义和毛泽东思想的文艺路线，到人民大众中去，做人民大众的文艺工作者。

在现代文学史里，张爱玲被划分为沦陷区的"海派文学"作家。

20世纪30年代，海派京派和左翼文学并驾齐驱，张爱玲不了解左翼文学联盟的思想和方针，夏衍却是欣赏张爱玲的，他在此后仍然一心希望张爱玲能够和大家团结在一起，于是安排了张爱玲参加下乡运动，同上海文艺代表团一起到江苏的农村去体验土地改革的生活。

这些生活也对张爱玲产生了影响，并对于创作也产生了影响。

但张爱玲对于局势的不适应还是令她感到自己格格不入。

1952年，张爱玲下定决心去香港，回到她曾经读书生活过的地方。

那时候，香港仍然没有回归祖国的怀抱，因此她需要递交过海关的出境申请。

她一路忐忑，不知道自己的申请能否成功，但很快申请就被批准了。

张爱玲准备出发之前，见了自己的弟弟张子静。

1952年，我调到浦东乡下教书。我也较少回上海市区，和姐姐见面的机会就少了。8月间，我好不容易回了一次市

第五卷　再见，抚去时光

区，急急忙忙到她住的公寓找她。姑姑开了门，一见是我就说："你姐姐已经走了（去了香港）。"说完就关上了门。

我走下楼，忍不住哭了起来。街上来来往往都是穿人民装的人。我记起有一次她说这衣服太呆板，她是绝不穿的。或许因为这样，她走了，走到一个她追寻的远方，此生再没回来。

在张子静的回忆里，姐姐张爱玲在这次香港一别之后，再也没有回到大陆，这也是他们姐弟相见的最后一面。

很快，张爱玲乘坐火车从上海到达广州，从广州又经过了深圳到达香港。

她的护照当时用的不是自己的真名，"张爱玲"这三个字，还有作家的烙印对于她而言都不是一种骄傲了，而是一段前尘孽缘罢了。

桥堍有一群挑夫守候着。过了桥就是出境了，但是她那脚夫显然认为还不够安全，忽然撒腿飞奔起来，倒吓了一大跳，以为碰上了劫路，也只好跟着跑，紧追不舍。是个小老头子，竟一手提着两只箱子，一手携着扁担，狂奔穿过一大

张爱玲：我一直在这里，等风，也等你

片野地，半秃的绿茵起伏，露出香港的干红土来，一直跑到小坡上两棵大树下，方放下箱子坐在地上歇脚，笑道："好了，这不要紧了。"……（洛贞）跑累了也便坐下来，在树荫下休息，眺望着来路微笑着，满耳禅声，十分兴奋喜悦。

张爱玲在她的小说里，讲述了这段离开的经过。这些年里，她似乎一直在漂泊。

我亦飘零久，十年来，深恩负尽，死生师友。

也许张爱玲十分能够明白顾贞观这句话，也许十几年来，她人生中所有的希望都化作了一点一点的慨叹。

去香港的那一年，张爱玲已经32岁了。她已经不是那个曾经在这里上学稚气未脱的少女了，她在上海经历过的那些种种坎坷和磨难，让她不断成熟起来。

再次回到故地，就如同徐志摩再别康桥一样，悲凉油然、千回百转。

张爱玲在香港大学正式注册复学。此后，她在香港文坛发展一直不顺利，收入颇微。因为离开了家，父亲的家产她

没有资格继承，母亲的生活和她自己一样窘迫。

当生活已经存在问题的情况下，求学也就不那么重要了。

张爱玲停止了复学，在炎樱的帮助下去日本东京谋取职位，但是屡次碰壁，她只能先到香港基督教女青年会工作，在那里过着清贫的生活。

那里不用交房租，替她省去了一些花销。

曾经在年少的时候写下《我的天才梦》，那个年纪轻轻的聪明执着的女孩子，也不曾想落魄到如今这个凄凉的地步。

此刻的张爱玲，作为作家拥有看似无限荣耀的身份，却一贫如洗，却孤绝以常。

后来，张爱玲在美国的新闻处找到了一份翻译的工作，她在香港大学学习的时候对英文课程十分重视，所以她的英文很流畅。

当张爱玲第一天到新闻处工作的时候，身穿一身漂亮的

张爱玲：我一直在这里，等风，也等你

紧身旗袍，顶头上司麦加锡见到张爱玲的那一刻就感到了惊艳无比。她一直都喜欢奇装异服，被众多人引以为时尚。

在新闻处工作期间，张爱玲翻译了许多西方文学作品，如海明威的《老人与海》、华盛顿·欧文的《睡谷的故事》和《爱默生选集》等。

在新闻处一起工作的同事里，她与宋淇夫妇交好。宋淇的夫人邝文美更成了张爱玲的终生挚友。

后来经过宋淇夫妇的帮助，张爱玲搬到了距离宋淇夫妇很近的房子居住。

每天张爱玲写作，宋淇夫妇经常会去看望她，关注她的近况。

在宋淇夫妇的帮助下，张爱玲的生活日渐安定下来，感受到了稳定生活的幸福。

他们的友情持续了四十多年，张爱玲去世前还将自己的遗稿和遗产全都赠予了宋淇夫妇。

张爱玲在香港待了整整三年，1953年，美国颁布了一项难民令，允许有特长的人申请美国的国籍。

第五卷　再见，抚去时光

张爱玲在上司麦加锡的帮助和努力之后，终于拿到了通往美国的申请。

1955年11月，在这个寒冷的冬日，长长的江面上喷发着漫长的轰鸣。

汽笛轰鸣着，"克利夫兰总统号"在浩荡的水面上驶向远方。

1947年，张爱玲在散文中写作了一首名叫《中国的日夜》的诗歌，在这茫茫的夜色里，在甲板上一身单薄的张爱玲想起了自己的国家。

她无数次乘坐在轮船上，看着母亲远赴重洋，自己也去远方的香港和日本，无数辗转。

这次她又要去到自己未曾见过的远方，这是一个她从未见过的大陆。

我的路

走在我自己的国土。

乱纷纷都是自己人

张爱玲：我一直在这里，等风，也等你

补了又补，连了又连的

补丁的彩云的人民。

我的人民，我的青春，

我真高兴晒着太阳去买回来

沉重累赘的一日三餐。

谯楼初鼓定天下，安民心，

嘈嘈的烦冤的人声下沉。

沉到底。……中国，到底。

她远离了故国。

在离去的那一天，宋淇夫妇去送张爱玲。

那个时候的张爱玲一身瘦弱，在漫天暗色的夜幕里显得有些寂寥。

他们看着张爱玲远去，十分关切，又十分难过。

在香港的时候，张爱玲用英文写了小说《秧歌》，这是一部根据张爱玲在苏州农村的生活经历创作，反映土地改革生活的小说。

第五卷　再见，抚去时光

张爱玲先把这本书寄给了宋淇夫妇，宋淇夫妇看了书稿之后，觉得有出版的可能，让张爱玲努力试试这个途径，于是张爱玲将书寄给了她在美国的代理人玛丽勒德尔，请这位女士在美国给她寻找出版商。

《秧歌》最后在美国出版了，反响热烈。

张爱玲这个名字，就作为一位崭新的华人女作家，进入了美国评论界的视野。

《纽约时报》《星期六文学评论》，甚至最后在《时代》周刊上都有给予张爱玲《秧歌》的书评，对于《秧歌》的评价大为赞叹。《时代》周刊是美国规格十分高的杂志，能够得到这样的评价，张爱玲十分开心。

到达了美国的张爱玲住到了纽约救世军办的职业女子宿舍。这个地方又脏又破，空气里弥漫着潮湿的气息，大厅黑黢黢的，是一个像贫民窟一样的难民聚居地。

张爱玲却并没有感到什么不适应，她刚刚来到美国，心里全是施展抱负的梦想。

张爱玲：我一直在这里，等风，也等你

《秧歌》出版之后，张爱玲还给忘年交胡适寄去一本。在回信里，胡适对这本书给予了很高的评价，让张爱玲喜出望外。

张爱玲的祖父张佩纶和胡适的父亲是世交，因此张爱玲十分仰慕胡适先生。知道胡适先生早年就到了美国，所以很想早早地去拜会。

张爱玲第一次到达胡适家里的时候，有一种陌生的熟悉感，她仿佛觉得自己回到了香港那种英国式的花园公寓。

胡适住在纽约东城区的八十一街道上，那条街上都是白色的公寓楼房，整整齐齐地并排着。

胡适很高兴，把张爱玲和她的朋友炎樱迎进家里，家里还有他的太太江东秀。胡适依旧穿着长袍，戴着细框的眼镜，四个人坐下来文文雅雅地聊起了在美国生活的点点滴滴。

张爱玲聊到胡适之前的著作，谈到打算把《海上花列传》和《醒世姻缘》翻译成英语，胡适喜出望外，他相信以张爱玲的英语水平，能够做出翻译水准极高的作品。

第五卷　再见，抚去时光

　　胡适知道张爱玲喜欢创作，还鼓励张爱玲去哥伦比亚图书馆学习。

　　后来，胡适来看望张爱玲，张爱玲觉得自己居住的地方破败又窘迫，但是胡适却毫不在意。

　　张爱玲送别胡适先生的时候，看着他裹着厚厚的衣服走在冷风里，令在异国他乡的她感觉到了温暖。

　　我送到大门外，在台阶上站着说话。天冷，风大，隔着条街从赫贞江上吹来。适之先生望着街口露出的一角空蒙的灰色河面，河上有雾，不知道怎么笑眯眯地老是望着，看怔住了。他围巾裹得严严的，脖子缩在半旧的黑大衣里，厚实的肩臂，头脸相当大，整个凝成一座古铜半身像。我忽然一阵凛然，想着：原来真像人家说的那样。而我向来相信凡是偶像都有"黏土脚"，否则就站不住，不可信。我出来没穿大衣，里面暖气太热，只穿着件大挖领的夏衣，倒也一点都不冷，站久了只觉得风嗖嗖的。我也跟着向河上望过去微笑着，可是仿佛有一阵悲风，隔着十万八千里从时代的深处吹来，吹得眼睛都睁不开。那是我最后一次看见适之先生。

当时美国给一些艺术家提供一种叫作"文艺营"的住所，让他们进行创作。

1956年，张爱玲在经济上已经越发拮据。走投无路的张爱玲在她的代理人玛丽勒德尔的担保下，向一个专门为有前途的作家提供写作环境的基金会请求帮助。

1956年2月13日，她以移民作家的身份给位于新罕布什尔州的麦克道威尔文艺营提交了入营申请：

亲爱的先生/夫人：

我是一个来自香港的作家，根据1953年颁布的难民法令，移居来此。我在去年10月份来到这个国家。除了写作所得之外别无其他收入来源。目前的经济压力逼使我向文艺营申请免费栖身，俾能让我完成已经动手在写的小说。我不揣冒昧，要求从3月13日到6月30日期间允许我居住在文艺营，希望在冬季结束的5月15日之后能继续留在贵营。

张爱玲敬启

第五卷　再见，抚去时光

终于，张爱玲得到了回复，允许她能够在两年内居住在这个文艺营里。

张爱玲收拾好行李离开纽约，她坐了长时间的长途汽车，又在雪地里乘上计程车，缓缓向陌生的地方行驶。

渐渐地，夜幕落下来了，地上有厚重的积雪，她下了车，步履蹒跚，寸步难行。

但她远远地看到那座房子，有着明亮的窗子，里面是艺术家们的欢歌笑语和高谈阔论。

她将行李放在地板上，轻轻地敲门，也敲开了她新的人生篇章。

第三章　一纸深情是相拥

那是1956年3月13日，她和美国左翼作家费迪南·赖雅相遇了。

就像是两颗明亮的星星闪烁着火焰，交汇的那一刻火光四射。

在冰冷的冬日里，张爱玲感觉到一种暖流包裹着自己。

那一年，赖雅已经65岁了，张爱玲年仅36岁。

赖雅比张爱玲大30岁，在一个德裔家庭出生，从大学起开始文学创作，后来进军好莱坞做剧作家。他是一个不爱计较金钱、十分豪爽的男人，年轻的时候和乔伊斯、庞德等众多著名文学大师是朋友，尤其是他和同样是剧作家的布莱希特交好，多次在经济上对落难的布莱希特施以援手，并且推

第五卷　再见，抚去时光

荐布莱希特的作品。

后来赖雅和前妻离婚，自己孤苦一人，年老之后开始生病，因此他的荣光不再，来到了文艺营里，希望能通过创作再次在社会上给自己赢得一席之地。

张爱玲拿自己的小说给赖雅看，赖雅也惊讶这么年轻的女人竟能够写出如此惊人的小说。

张爱玲和赖雅的交谈也越来越深入，两人在西方艺术上找到了共鸣。

两个月之后，两个人正式建立了恋人关系。

5月12日，是张爱玲和赖雅难以忘怀的一天，在这一天，张爱玲和赖雅有了第一次肌肤之亲。

但是很快，赖雅在文艺营中居住的日期就要到了，他辗转到了纽约北部的耶多文艺营。张爱玲不得不接受和恋人的分别带来的深深的思念。

赖雅在耶多文艺营中的7月份，收到了张爱玲的一封信。信中说她已经怀上了赖雅的孩子，赖雅惊讶不已，他决定向张爱玲求婚。

在求婚信要寄出去之前，张爱玲已经来到了耶多文艺营找赖雅。

考虑到未来，赖雅年事已高、身体不好，两个人抚养孩子的经济基础也不好，两个人最终决定将孩子打掉。

这次流产是张爱玲怀过的唯一一个孩子，在此后的人生里，张爱玲没有给这个她认为薄凉的世界留下一个子嗣。

流产的痛苦她只字未提。

1956年8月，张爱玲和赖雅在纽约举办了简单的婚礼，炎樱是证婚人。

这一年张爱玲36岁。

但是由于年事已高，赖雅在结婚之后的身体越发不好了，张爱玲一直不离不弃地照顾他，并且自己通过努力地创作来支撑窘迫的生活。

在10月回到文艺营的时候，赖雅中风发作，后来在张爱玲的悉心陪伴之下好转了，但是12月又再次发作中风，张爱玲焦急不已、日夜陪伴，生活更加的拮据，但幸运的是，张爱玲的《秧歌》被拍成了电影，影视公司奉上1440美元给张爱玲贴补家用，他们花每月60美元租金租了一处带家具的公寓，有了第一个家。

张爱玲已经10年未曾见过母亲一面，她担心着母亲的生活，因此将100美元的支票寄给了母亲，但是很快张爱玲就收到了在英国的母亲去世的噩耗。

经济的紧张让她无法启程去英国送母亲最后一程。

黄逸梵去世之后，留给了张爱玲一个满是古董的箱子，这是她最后能够给张爱玲的经济支持，也是她最后的一份母爱。

后来，生活拮据的张爱玲，将那一箱东西逐一变卖。每一次的出售，都是一次痛苦的分离，

她再也回不去了，再也无法回到那铜床上去了，回到母亲的怀抱里。

张爱玲离开中国时，特意带上了姑姑收藏了许多年的家庭相册，里面不仅有她爸爸妈妈的照片，还有她和姑姑这些

年的变迁。她无法轻易地放下，她曾经不喜欢的家庭，不喜欢的岁月，她曾经不爱的人，她曾经以为可以轻易挥手作别忘掉的一切。

她知道那些再也无法回去的曾经，现在看来，更像是一种不变的留恋，像是一种思念和对往昔的追忆。

一家上海的电影公司搬往了香港，并很快找到宋淇夫妇，请他们联系张爱玲给自己的公司创作剧本。

于是，张爱玲陆陆续续写作了《情场如战场》《人财两得》《六月新娘》《桃花运》和《小儿女》等。

这些剧本的收入支撑了赖雅的医药费，和他们的生活。

不久后，在胡适的帮助下，张爱玲得到了南加州的亨亭顿·哈特福基金会半年的居住资格。张爱玲和赖雅在那里居住了幸福的六个月，六个月后他们搬到了旧金山。

旧金山离着海边很近，他们有时会到海边走走。

张爱玲此时已经有了动笔写作《少帅》的想法，她很想去台湾见一下张学良本人，并且去探望一下自己的老友宋淇

第五卷 再见，抚去时光

夫妇。但是赖雅的身体却不能让她放心地离开美国去台湾收集素材。

赖雅并不想成为张爱玲创作梦想的负担，于是赖雅给女儿霏丝写了信，住到了女儿家附近，由女儿照料他的生活。

1960年，张爱玲正式成为美国公民。1961年3月，她去台湾之前最后一次见到炎樱，炎樱已经嫁给了一个家世显赫的男人，婚后的生活十分幸福。

到达了台湾，张爱玲之前的上司麦加锡已经成为台北美国新闻处处长。

他热情地招待了张爱玲，接风宴会上都是台湾的文化圈名流，比如白先勇先生等。

她被簇拥着，成为了许久难以想象的主角，她仿佛又回到了上海文坛那个她名满天下的时候。

接待她的地方是一座豪华的别墅，张爱玲见到前呼后拥的仆人，她在美国的困顿处境像是陌生而不真切的。

但是很快美国传来消息，赖雅再次严重中风，张爱玲非常担心，想回去看望，但是她的钱已经无法支付来往的机票。她只能在心里祷告丈夫的身体赶紧好起来。

在宋淇的帮助下，张爱玲接下了香港影视公司《红楼梦》的电影剧本。

这次写作异常辛苦，张爱玲手指不能屈伸，近视已久的眼睛结膜出血，全身疼痛无力，但是想到赖雅，她告诉自己要努力地咬牙坚持下去。

剧本上交之后，公司却临时取消了拍摄《红楼梦》的打算。

她想到自己日日夜夜写作的剧本无法投拍了，仿佛心血白费，涌上一阵痛苦的悲凉之情。

很快，心灰意懒的张爱玲回到了美国，回到了生病的丈夫身边。

当时的赖雅已经身体康复，他去机场接张爱玲。

许久未曾见面的思念，一下飞机就冲击着他们，张爱玲和赖雅紧紧拥抱，忍不住的泪水落下来。

见到对方的时候，温暖和安全感才全都出现了。但是赖

第五卷 再见，抚去时光

雅后来又频繁地中风发作，最严重的一次中风后，赖雅不幸瘫痪，卧病在床。

张爱玲在赖雅的房间里支起一张行军床，一边埋头伏案写作，一边照顾赖雅的生活起居。

写作已经无法支撑他们的生活，张爱玲打算出去工作来换取稳定一些的收入。

她申请了迈阿密大学的驻校作家职务。

1967年，在夏志清先生的帮助下，张爱玲与哈佛大学雷德克里芙女子学院取得了联系，成了该校的驻校作家。

半年之后的一天，赖雅永远地离开了这个世界，离开了他心爱的张爱玲。

那一年，赖雅七十六76岁，张爱玲四十七47岁。

赖雅去世之后，她还冠以他的姓氏。但是这空荡荡的房间，这空荡荡的岁月，就像她很空了的心。

她有的时候也会回忆起自己这些年的日子，曾经灿如流星，也曾经如履薄冰。

可是她好像都走过来了，以后又是她自己一个人了。

1969年，张爱玲已经49岁了。

这一年，她被加州伯克莱大学的中国研究中心聘为高级调查员。

张爱玲独自一人去了加州，后来因为和上司陈世骧相处得不融洽，在1973年提出了辞职，去了洛杉矶。

此后，张爱玲终生未曾离开这座城市，不再繁华万千，选择安静地一个人生活。

第四章　繁华千落

张爱玲此后在洛杉矶，一直认真地潜心翻译《海上花列传》。

前尘往事一念之间。

一种浩大的空虚包裹着她，于是她一个人，在夜灯下构筑起自己的文字世界。

十三四岁的时候，张爱玲就写下了《摩登红楼梦》，作为对于"红楼一梦"的敬仰和自己内心的理解。但是到了晚年，张爱玲从直观感受的发挥，变成了要去像胡适先生考据《醒世姻缘》一样考据。她在《红楼梦未完》中写道：

有人说过"三大恨事"，是"一恨鲥鱼刺多，二恨海棠无香"，第三件记不得了，也许因为我下意识地觉得应当是

张爱玲：我一直在这里，等风，也等你

"三恨《红楼梦》未完"。

张爱玲意思的"《红楼梦》未完"是她不喜欢红楼梦的结尾，她喜欢前80回曹雪芹所著的红楼梦，但是后40回高鹗续编有许多存疑和与前文不合适的地方。

张爱玲耗时10年写作了《红楼梦魇》，将自己的猜想一一写在其中，将自己的才情和感情也都付之于此。

1977年，24万字的《红楼梦魇》完稿，由皇冠出版社正式出版。

张爱玲的创作一直不是流于主观的，她能清晰地掌握好自己的感情，控制好上帝视角，但是唯有这本书似乎是没有头绪的，张爱玲想到哪里就写到哪里，称为"梦魇"也是如此，称呼这种似真似幻的感情。

执念已经完成，她的名字因为《海上花》，因为《红楼梦魇》而又被广为所知。

独身居住的许多年后，张爱玲曾邀请马上就要离开洛杉矶的庄信正夫妇来家里做客。

第五卷 再见，抚去时光

因为她居住的公寓曾是庄信正夫妇帮忙寻找和安置的。

她屋里的摆设十分简单，只有一个小小的灯泡，两张木椅子，一个台小型的电视机。

张爱玲舀冰激凌给他们吃，和他们闲聊曾经的岁月，她甚至还拿出自己的照片分享。庄信正夫妇在这个已经老去的作家眼里，看到了岁月留在眼睛里的泪光。

这些有关照片的回忆写成了《对照记》，在《对照记》的结尾，张爱玲写道：

然后时间加速，越来越快，越来越快，繁弦急管转入急管哀弦，急景凋年倒已经遥遥在望……

张爱玲不太出门，只有出门倒垃圾的时候会下楼。有一次，她在报纸上看到了一篇文章《华丽缘——我的邻居张爱玲》，这让张爱玲觉得恐惧。

这是一位姓戴的女士写的，在张爱玲家楼下蹲守观察张爱玲的经历：

她真瘦，顶重略过八十磅。生得长手长脚，骨架却极细窄，穿着一件白颜色衬衫，亮如洛佳水海岸的蓝裙子，女学生般把衬衫扎进裙腰里，腰上打了无数碎细褶，像只收口的软手袋。因为很瘦，衬衫肩头以及裙摆的褶线光棱棱的始终撑不圆，笔直的线条使瘦长多了不可轻侮。午后的阳光邓肯式地在雪洞般墙上裸舞，但她正巧站在暗处，看不出衬衫白底上是不是印有小花，只觉她肤色很白，头发剪短了烫出大卷发花……

她弯腰的姿势极隽逸，因为身体太像两片薄叶子贴在一起，即使前倾着上半身，仍毫无下坠之势，整个人成了"飘落"两字，我当下惭愧我身上所有的累赘太多，她的腿修长，也许瘦到一定程度之后根本没有年龄，叫人想起新烫了发的女学生……我当下绕另一条小径躲在墙后远远看她，她走着，像一卷细龙卷风，低着头，仿佛大难将至，仓皇赶路，垃圾桶后院落一棵合欢叶开满紫花的树，在她背后私语般纷纷飘坠无数绿与紫……

张爱玲看到之后赶紧决定搬家，从那以后，张爱玲多次搬家。

第五卷　再见，抚去时光

一年以后，张爱玲受到南美跳蚤的折磨，患上了严重的皮肤病，她举目无亲，只能剪掉长发并且不断地搬家。

一直等到她的跳蚤病好，她患上了"恐虱症"，感觉自己的周身都是虱子。

曾经张爱玲写下的"生命是一席华美的袍子，外面爬满了虱子"似乎一语成谶，让她晚年饱受折磨。

我们似乎可以想象，她应该有一些焦虑症和孤独症。

焦虑使她恐惧死亡，晚年的时候她经常每搬一次家就收拾一遍东西，她对那些东西极其留恋，似乎那些是她和这个冰冷的世界唯一的联系。

而那本相册她更是反复地翻阅，每次都要落下眼泪来。

她已经很久不见人了，也不爱说话了。

遥远的大西洋沿岸，遥远的地平线方向。晚归的夕阳正好落在她憔悴倦怠的脸上，她清冷的目光望穿了这个时代的流金岁月。她惋惜过，也落寞过。经常潦倒的日子和繁华的日子交替起来就像是一场梦境，像是华丽的出场，婉转的谢幕。

窗外的暮色已经沉了，有纷繁的气息落下来。她听到了童声的讲述，听到了寂静无声的年代里她孤单地落幕。

1995年的中秋前，张爱玲去世的消息震惊了整个华人世界。

她走得洒脱安详，似乎早已知道自己的大限已到，在一张简单的行军床上，穿好每天出门的衣服，安安静静地躺在那里。

她躺下的那一刻，一颗华语文坛的巨星陨落了。

张爱玲死后的一个星期，都没有人察觉此事。后来是她的房东发现了这个享誉中国的大作家的遗体。

她的《小团圆》成了遗稿，而在她75岁生日的那一天，他们按照张爱玲的遗愿将她的骨灰撒到了太平洋里。

茫茫江面承载了这个伟大的作家的一生，她将化为海底的精魂，遥望着她想守候的赖雅，也遥望着她远方的故乡。

我亦飘零久，十年来，深恩负尽，死生师友。

第五卷　再见，抚去时光

张爱玲不再孤独，她笔下的少女九莉仿佛带着她的梦回到了小时候，回到了她成长的每一个地方，实现了她全部的遗憾，又记载了她全部的遗憾。

九莉快三十岁的时候在笔记簿上写道："雨声潺潺，像住在溪边。宁愿天天下雨，以为你是因为下雨不来。"

过三十岁生日那天，夜里在床上看见阳台上的月光，水泥栏杆像倒塌了的石碑横卧在那里，浴在晚唐的蓝色的月光中。一千多年前的月色，但是在她三十年已经太多了。

张爱玲年表

1920年9月30日，出生于上海，取名张煐，原籍河北丰润。

1922年，迁居天津法租界张家旧宅。

1924年，开始私塾教育和小说创作。

1928年，由天津迁回上海。读《红楼梦》，创作乌托邦式小说《快乐村》。

1930年，父母协议离婚，她进入黄氏小学，正式更名张爱玲。

1931年，就读上海圣玛利亚女校。

1933年，散文《迟暮》发表在校刊《凤藻》上，开始长

张爱玲年表

篇章回小说《摩登红楼梦》的创作。

1937年，随笔《论卡通画之前途》发表，从圣玛利亚女校毕业。

1939年，赴香港大学专攻文学。

1940年，《我的天才梦》获《西风》月刊三周年征稿比赛第13名。

1942年，香港沦陷，未毕业即回上海，报考圣约翰大学，开始用英语写影评和散文：《婆媳之间》《鸦片战争》《中国的生活与服装》等。

1943年，《沉香屑第一炉香》和《沉香屑第二炉香》在《紫罗兰》月刊连载，《茉莉香片》《到底是上海人》《倾城之恋》《金锁记》在《杂志》月刊发表，《心经》在《万象》月刊发表，《更衣记》在《古今》发表。

1944年，《连环套》在《万象》连载，《花凋》和《红玫瑰与白玫瑰》在《杂志》月刊发表。与胡兰成结婚，炎樱为证婚人。

1945年，《创世纪》《苏青张爱玲对谈记》《吉利》

《姑姑语录》等在《杂志》月刊发表，《倾城之恋》在上海公演。8月15日，日军投降，胡兰成潜逃。

1947年，《华丽缘》《多少恨》在《大家》月刊发表。与电影导演桑弧合作，创作出《不了情》《太太万岁》《哀乐中年》三部电影剧本。与胡兰成离婚。

1948年，以梁京为笔名连载《十八春》（半生缘）。

1952年，赴香港。写电影剧本《小儿女》《南北喜相逢》，翻译《老人与海》《爱默森选集》等。结识麦卡锡和宋淇夫妇。

1954年，《秧歌》《赤地之恋》在《今日世界》连载。

1955年，离港赴美。

1956年，结识作家赖雅，与他在纽约结婚。

1957年，母亲在英国逝世。

1958年，为香港电懋电影公司编《情场如战场》《桃花运》《人财两得》等剧本。

1961年，为收集写作资料，飞台赴港。

1962年，回美，与丈夫团聚。

张爱玲年表

1966年，《怨女》由台湾皇冠出版社出版发行。

1967年，赖雅去世。开始《海上花列传》的翻译和《红楼梦》的研究。

1968年，《秧歌》《流言》《张爱玲短篇小说集》在台湾皇冠出版社出版。

1969年，皇冠出版社出版《半生缘》和《红楼梦未完》。

1973年，定居洛杉矶，开始离群索居的晚年生活。

1975年，完成《海上花列传》英译本，皇冠刊载《二详红楼梦》。

1977年，历时10年之久的《红楼梦魇》出版。

1981年，《海上花》出版。

1991年，好友炎樱和姑姑张茂渊去世。

1994年，《对照记》发表。

1995年9月8日，逝世于洛杉矶公寓，19日火化，30日骨灰被撒入太平洋。